高等职业技术院校公路类专业教材

土质与筑路材料习题册

中国劳动社会保障出版社

简　介

本习题册是高等职业技术院校公路类专业教材《土质与筑路材料》的配套用书。本习题册紧扣教学要求，按照教材模块、任务顺序编排，知识点分布均衡，题型丰富，难易配置适当，有助于学生复习巩固所学知识。

本习题册由吴跟上主编，崔勇、夏苗苗参加编写。编写分工如下：绪论、模块一、模块三由吴跟上编写，模块二、模块五、模块六由崔勇编写，模块四由夏苗苗编写。

图书在版编目(CIP)数据

土质与筑路材料习题册/吴跟上主编. —北京：中国劳动社会保障出版社，2012

高等职业技术院校公路类专业教材

ISBN 978－7－5045－9789－2

Ⅰ.①土…　Ⅱ.①吴…　Ⅲ.①道路工程-土质学-高等职业教育-习题集②道路工程-建筑材料-高等职业教育-习题集　Ⅳ.①U414－44

中国版本图书馆 CIP 数据核字(2012)第 171693 号

中国劳动社会保障出版社出版发行

（北京市惠新东街 1 号　邮政编码：100029）

出 版 人：张梦欣

*

北京隆昌伟业印刷有限公司印刷装订　新华书店经销

787 毫米×1092 毫米　16 开本　7.25 印张　170 千字

2012 年 8 月第 1 版　2023 年 7 月第 3 次印刷

定价：13.00 元

营销中心电话：400-606-6496

出版社网址：http://www.class.com.cn

http://jg.class.com.cn

目　录

绪　论

一、填空题（请将正确答案填在空白处）

1. 土既可作为________，又可作为__________________________的主要材料。

2. 道路工程常用的原材料有________、________、________、________、________、________、________等。

3. 粉煤灰和冶金矿渣经加工后既可作为________，又可以直接作为路面基层材料，还可作为水泥混凝土和沥青混合料中的________。

4. 道路与桥梁工程中最常用到的无机结合料，主要是________和________。

5. 道路工程中，常用混合料有________、________、________、________、________。

6. 材料的物理性质用物理指标表示有________、________、________、________、________等。

7. 材料的力学性能不仅有________、________、________等能用试验机直接测试的静态指标，还有能反映材料在综合因素作用下__________、________、________等通过间接试验法评定的力学性能指标。

8. 公路材料的试验方法从试验性质上讲主要有________方法和________方法；从技术指标反映技术性能直观性上讲有直接试验方法和间接试验方法。

9. 不管采用什么试验方法，试验一般都包括________、________、________与________等几个阶段。

10. 试验准备包括________、________和________三个方面的内容。

11. 常用的抽样方式有________、________、________、________、________等。

12. 国家标准由________行政主管部门制定、发布。

13. 行业标准由________、________、________、________、________、________等部分组成。

二、简答题

简述学习土质与筑路材料的意义。

模块一　土　质

任务一　评价土的物理性质

一、填空题（请将正确答案填在空白处）

1. 土是由地壳岩石经________、________、________、________，形成由________、________和________组成的一种集合体。

2. 土体三相比例不同，土的状态和工程性质也随之各异：当土由固相和气相组成时，称为________；当土由固相、液相和气相组成时，称为________；当土由固相和液相组成时，称为________。

3. 土体的基本物理性质指标可以用各相之间的比例关系表示，通常测试的指标包括土的________、________、________和________等。

4. 土的固相是土中最主要的组成部分，主要由各种________及________组成。

5. 土的矿物成分取决于成土母岩的成分以及所经受的风化作用，通常可分为________和________两大类。

6. 自然界中的土是由大小不同的颗粒组成的，土粒的大小称为________。

7. 土颗粒大小相差很大，为便于分析，工程上把大小相近的土粒合并为组，称为________。

8. 土颗粒按照颗粒大小分为________、________、________、________、________和________等六大粒组。

9. 土中的水按其工程地质性质可分为________、________、________和________四种形式。

10. 土质学与土力学中将含气体的土，称为________。

11. 土的含水率是指土体孔隙中________与________的百分比。

12. 土体的含水率测定方法有________、________和________三种。

13. 土的干密度是指土体中________的质量与________的比值。

14. 测量物体质量的仪器叫做衡器，衡器有两个主要的技术指标，一个是________，另一个是________。

15. 电子天平使用时的要点是：________、________、________。

16. 在土的含水率试验中取样时，细粒土为________g，砂类土、有机土为________g，砂砾石为________g。

17. 烘干法测土的含水率时，烘箱温度应设在________℃。

18. 常用的土的天然密度测定方法有________和________两种。

19. 酒精法测土的含水率时，用滴管将酒精注入放有试样的称量盒中，直至盒中出现________液面为止。

二、选择题（请在下列选项中选择一个正确答案并填在括号内）

1. 当有机质含量超过（　　）时，称为有机土。

A. 3%　　B. 5%

C. 8%　　D. 10%

2. 土颗粒按粒径划分粒组时，巨粒组与粗粒组的划分粒径是（　　）mm；粗粒组与细粒组的划分粒径是（　　）mm。

A. 200，0.5　　B. 60，0.075

C. 20，2　　D. 60，0.5

3. 当用各种方法测定土的含水率的值不同时，应以（　　）为准。

A. 酒精燃烧法　　B. 比重法

C. 烘干法　　D. 以上均可

4. 烘干时间对细粒土时不得少于（　　）h，对砂类土时不得少于（　　）h。

A. 5，3　　B. 12，10

C. 8，6　　D. 24，12

5. 烘干法测土的含水率时，烘干试样放入干燥器内冷却，一般只需（　　）h。

A. 0.5~1.0　　B. 1.0~1.5

C. 1.5~2.0　　D. 2.0~3.0

6. 土的含水率试验误差要求是5以下（　　）；40以下（　　）；40以上（　　）。

A. 0.3，≤1，≤2　　B. 0.2，≤1，≤2

C. 0.3，≤2，≤3　　D. 0.2，≤1，≤3

7. 将15.45修约成三位有效数字，其修约值为（　　）。

A. 16.0　　B. 15.4

C. 15.0　　D. 15.5

8. 在蜡封法试验中，用削土刀切取体积大于（　　）cm^3 的试件，削除试件表面的松土、浮土以及尖锐棱角。

A. 10　　B. 20

C. 30　　D. 40

9. 在蜡封法试验中，若浸入试样的水分质量超过（　　）g时，应重做。

A. 0.01　　B. 0.02

C. 0.03　　D. 0.04

10. 酒精燃烧法测定含水率时，需燃烧试样的次数为（　　）次。

A. 3　　B. 5

C. 2　　D. 4

11. 土的密度越大，干密度（　　）。

A. 不变　　B. 不一定

C. 越大　　D. 越小

三、判断题（判断正误并在括号内填√或×）

1．有机土可作为堤坝工程的填筑土料，不会影响工程的质量。（　）

2．含有机质土不能用酒精燃烧法测定其含水率。（　）

3．土体的结构影响干密度的值，干密度值越大，土体越密实。（　）

4．含水率试验中由于选用的铝盒规格是相同的，所以只称量一个就可以知道其他的质量。（　）

5．为使酒精在试样中充分混合均匀，可用搅拌棒搅动土样，使其与酒精混合。（　）

6．测试含水率时，酒精燃烧法在任何情况下都是适用的。（　）

7．环刀法适用于测定粗粒土的密度。（　）

四、简答题

1．简述烘干法测土含水率的试验步骤。

2．简述蜡封法测土密度的试验步骤。

3．简述环刀法测土密度的试验步骤。

五、计算题

请根据表1—1中土的含水率试验数据，计算含水率结果。

表1—1 土的含水率试验数据

盒号	1	2
盒质量（g）	23.0	20.0
盒+湿土质量（g）	46.53	45.00
盒+干土质量（g）	38.26	37.66
水分质量（g）		
干土质量（g）		
含水率（%）		
平均含水率（%）		

任务二　工程土的鉴别

一、填空题（请将正确答案填在空白处）

1. 在土的工程分类体系中，巨粒土包括__________和__________。
2. 在土的工程分类体系中，粗粒土包括__________和__________。
3. 在土的工程分类体系中，细粒土包括__________、__________和__________。
4. 在土的工程分类体系中，特殊土包括__________、__________、__________、__________和__________。
5. 土的颗粒级配（也叫土的粒度成分）是指__________（以干土重量的百分比表示）。
6. 为了准确地测定土的颗粒级配（或粒度成分），所采用的各种手段统称为__________或__________。
7. 常用的颗粒分析方法有__________、__________和__________。
8. 常用的粒度成分的表示方法有__________、__________和__________。

9．表格法表示粒度成分时，有两种不同的方法，一种是以__________表示；另一种是以__________表示。

10．根据符号所表示的含义，写出土的名称：GHC—__________，CLM—__________。

11．三角坐标法可用来表达__________、__________和__________三种粒组的百分含量。

12．三角坐标法是利用几何上的等边三角形中__________恒等于三角形的高的原理。

13．为了衡量土的级配是否良好，常用__________和__________两个判别指标。

14．稠度是指__________。

15．黏质土随着含水率的不断增加，土体的状态变化情况为__________→__________→__________→__________称为稠度状态。

16．由于含水率的变化，黏质土从一种稠度状态转变为另一种稠度状态的界限，称为__________。

17．稠度界限通常用__________表示，包括__________、__________、__________。

18．塑限、液限的检测方法有__________、__________和__________。

19．试样中巨粒组质量大于总质量的__________时，为巨粒土；当试样中巨粒组土粒质量少于或等于总质量15%，且巨粒组土粒质量与粗粒组土粒质量之和多于总质量__________的土称粗粒土；当试样中细粒组土粒质量多于或等于总质量__________的土称细粒土。

20．巨粒土中巨粒含量为__________时，称为漂石夹土或卵石夹土。

21．细粒土中粗粒组质量少于或等于总质量__________的土称粉质土或黏质土；细粒土中粗粒组质量为总质量__________的土称含粗粒的粉质土或含粗粒的黏质土。

22．有三种土样经液塑限测定在塑性图中分别得到图1—1中的1、2、3三点，请写出相应的土名。

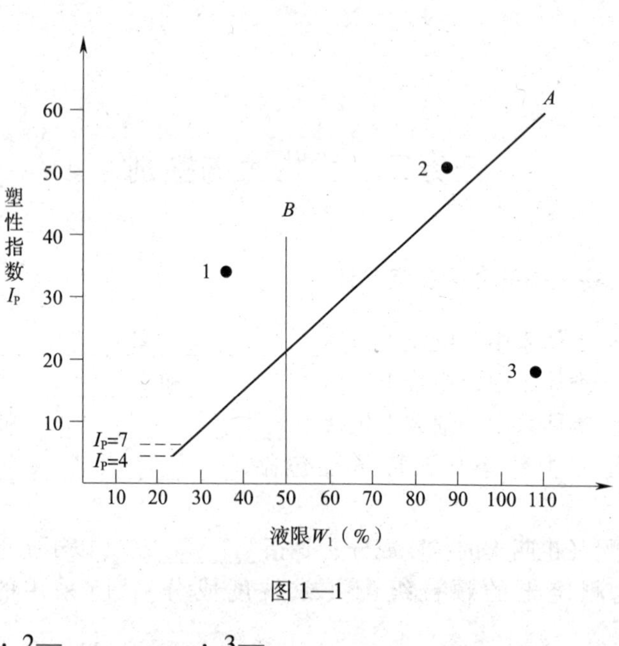

图1—1

1—__________；2—__________；3—__________。

23．请填写图1—2中圆锥仪仪器各部分的名称。

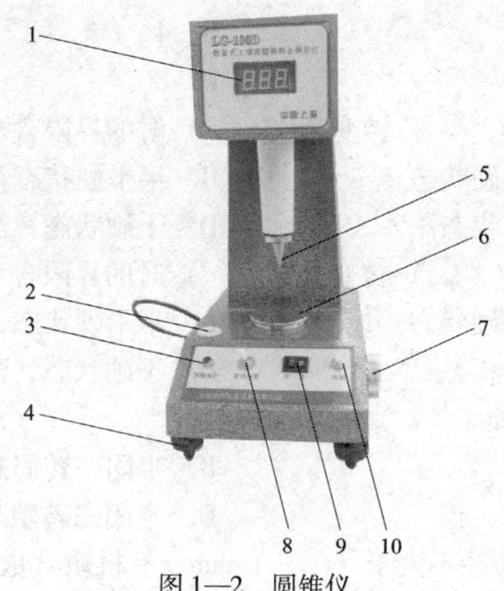

图 1—2 圆锥仪

1—__________；2—__________；3— __________；4—__________；5—__________；6—__________；7—__________；8—__________；9—__________；10—__________。

24. 液限塑限联合测定仪有__________、__________、__________或__________。

25. 液塑限联合测定仪的试锥有__________和__________两种。

26. 液塑限试验的试样应准备____份，其含水率分别控制在__________（*a* 点）、__________（*c* 点）和__________（*b* 点）。

27. 土的液塑限试验，测定 *a* 点的锥入深度为__________；测定 c 点的锥入深度应控制在__________。

28. 查 h_p—w_L 关系图时，对细粒土，用__________确定 h_p 值；对砂类土，则用__________确定 h_p 值。

29. 用搓条法简易鉴别土的塑性时，能搓成直径__________土条者为塑性高；能搓成直径__________条而不断者为塑性中等；能搓成直径__________的土条即断裂者为塑性低。

二、选择题（请在下列选项中选择一个正确答案并填在括号内）

1. 累计曲线法的坐标形式是（　　）。

A. 常数坐标　　B. 半对数坐标

C. 双对数坐标　　D. 以上都不是

2. 在土的粒径分布曲线上，特征粒径是指小于该粒径的土粒质量分别为土总质量的（　　）。

A. 20%、30%和 60%　　B. 10%、50%和 60%

C. 10%、30%和 80%　　D. 10%、30%和 60%

3. 经试验确定，以下不均匀系数中（　　）是级配不良的土。

A. 4　　B. 5

C. 6　　D. 7

4. 经试验确定，以下曲率系数中（　　）是级配良好的土。

A. 2 B. 4

C. 6 D. 8

5. 液限是指黏质土由（　　）转变为（　　）时的界限含水率。

A. 干硬状态，半干硬状态 B. 半干硬状态，可塑状态

C. 可塑状态，流动状态 D. 干硬状态，流动状态

6. 塑限是指黏质土由（　　）转变为（　　）时的界限含水率。

A. 干硬状态，半干硬状态 B. 半干硬状态，可塑状态

C. 可塑状态，流动状态 D. 干硬状态，流动状态

7. 土的缩限含水量是指（　　）的界限含水量。

A. 塑态转为流态 B. 半固态转固态

C. 塑态转固态 D. 半固态转塑态

8. 联合测定法适用于粒径不大于（　　）mm、有机质含量不大于试样总质量（　　）的土。

A. 0.5，5% B. 0.25，5%

C. 0.5，10% D. 5，10%

9. 液性指数的表达式正确的是（　　）。

A. $I_L = w_L - w_p$ B. $I_L = w - w_p$

C. $I_L = \frac{w - w_p}{w_L - w_p}$ D. $I_L = \frac{w_L - w_p}{w - w_p}$

10. 土的粒组划分中，粗粒土与细粒土是以（　　）mm 为分界的。

A. 5 B. 2

C. 0.5 D. 0.075

11. 界限含水量的测定可评价（　　）。

A. 各种土的状态 B. 黏性土的状态

C. 土的塑性范围的大小 D. 黏性土的结构

12. 下列关系式中，正确的是（　　）（w_p为塑限、w_L为液限，w_s为缩限）。

A. $w_p > w_L > w_s$ B. $w_s > w_L > w_p$

C. $w_L > w_s > w_p$ D. $w_L > w_p > w_s$

13. 工程上反映天然含水量与界限含水量关系的指标为（　　）。

A. w_L B. w_p

C. I_p D. I_L

14. 液性指数主要应用于评价（　　）。

A. 各种土的状态 B. 砂土的状态

C. 细粒土的状态 D. 粗粒土的状态

15. 对某砂质土进行颗粒分析试验，已知小于 0.075 mm 的百分含量不超过 10%，则最适合该土样的分析方法为（　　）。

A. 干筛法 B. 湿筛法

C. 沉降分析法 D. 组合筛分法

16. 某土中含砾：50.0%，砂：36.0%，细粒土：14.0%时，代号为（　　）［其中：

$C_u=5$，$C_C=2$］。

A. GWF　　B. SWF

C. GPF　　D. SPF

注：其中 G—砾，S—砂，W—级配良好，P—级配不良，F—细粒土。

17. 某土的细粒含量：96.2%，$w_p=28.1\%$，$w_L=50.0\%$，代号为：（　　）。

A. ML　　B. MH

C. CL　　D. CH

注：M—粉土，C—黏土，L—低液限，H—高液限，B 线：$w_L=50\%$，A 线：$I_p=0.73(w_L-20)$。

18. 按土有机质含量分类。试样中有机质含量多于或等于总质量的（　　），且少于总质量的（　　）的土称有机质土。

A. 5%，10%　　B. 10%，50%

C. 15%，50%　　D. 5%，50%

19. 在土的筛分试验中，对于最大粒径小于 10 mm 的土，取样质量为（　　）g。

A. 100～300　　B. 300～900

C. 1 000～2 000　　D. 900～1 500

20. 土的筛分试验完成后，各级筛上和筛底土总质量与筛前试样质量之差，不应大于筛分前（　　）。

A. 1%　　B. 2%

C. 3%　　D. 4%

21. 进行土的液塑限试验，试验前土样应过（　　）mm 筛。

A. 2　　B. 1.0

C. 0.5　　D. 0.25

22. 土的液塑限试验，闷料时用调土刀调匀，盖上湿布，放置（　　）h 以上。

A. 15　　B. 18

C. 20　　D. 24

23. 土的液塑限试验，建立的 h—w 曲线的坐标形式是（　　）。

A. 常数坐标　　B. 半对数坐标

C. 双对数坐标　　D. 以上均可

三、判断题（判断正误并在括号内填√或×）

1. 筛分法适用于粒径小于 0.075 mm 的土。（　　）
2. 表格法能清楚直观地用数据说明土样的各粒组含量。（　　）
3. 塑态土在硬塑态时有较差的力学性质，在软塑状态下的黏质土力学性质较好。（　　）
4. 塑性指数大的黏质土具有高塑性，塑性指数小的黏质土具有低塑性。（　　）
5. 黏质土的液限、塑限和塑性指数，都是测定天然土物理性质的指标。（　　）
6. 若土的天然含水率大于液限小于塑限，可以判断此土处于塑性状态。（　　）
7. 土的颗粒大小叫做土的粒度成分。（　　）

8. 土的级配系数反映了大小不同粒组分布情况。 ( )

9. 土的级配良好，土颗粒的大小组成均匀。 ( )

10. 土从液体状态向塑性体状态过渡的界限含水量称为塑限。 ( )

11. 土的液塑限联合测定试验中，在 h—w 图上，$h=20$ mm 所对应的含水量 w，即为该土的液限 w_L。 ( )

12. 土的液塑限联合测定试验时所得到的三个锥入深度 h_1、h_2、h_3是 100 g 平衡锥停止下落时的锥入深度。 ( )

13. 细粒土的分类是按塑性图分类。 ( )

14. 对于含有黏土粒的砂砾土应用水筛分析。 ( )

15. 液塑限联合测定液限后，无论对细粒土还是粗粒土，其计算塑限入土深度的公式是一样的。 ( )

四、简答题

1. 简述工程土的一般分类原则。

2. 为什么选择半对数坐标来分析土颗粒级配？

3. 简述细粒土的工程性质。

4. 液塑限试验中，为能使结果准确，对试样的制备有什么要求？

5. 简述液塑限试验的步骤。

五、计算题

1. 颗粒分析试验中，已知颗粒分析结果见表1—2。

表1—2 **颗粒分析试验的分析结果**

孔径（mm）	40	20	10	5	2	1	0.5	0.25	0.075	0.01
存留量（g）	0	423	687	819	711	267	399	219	75	42

请根据以上数据绘制曲线确定不均匀系数 C_u、曲率系数 C_c，并判断该土样的级配情况。

2. 表1—3所示数据为液、塑限联合测定仪测定某土液、塑限时所得结果。

要求：

(1) 请将所需数据填在表格空白处，并依此确定此土的液、塑限，同时判断该试验是否应重做。

(2) 根据计算结果计算 I_p、I_L，并判断该土样的类别，依据《公路桥涵地基与基础设计规范》(JTG—D63—2007) 中的规定判断土的稠度状态。

表1—3　　某土液、塑限时测得的结果

试验项目 \ 试验次数		1	2	3
入土深度 (mm)	h_1	4.69	9.81	19.88
	h_2	4.72	9.79	20.12
	$1/2\ (h_1+h_2)$			
含水量计算 (%)	铝盒质量 (g)	20	20	20
	盒+湿土质量 (g)	25.86	27.49	30.62
	盒+干土质量 (g)	24.51	25.52	27.53
	水分质量 (g)			
	干土质量 (g)			
	含水率 (%)			

任务三　评价土的路用性能

一、填空题（请将正确答案填在空白处）

1. 路基作为公路的基础，对其最主要的要求就是__________和__________。

2. 影响土的击实因素有__________、__________、__________。

3. 标准击实试验为保证击实功相同，应在__________、__________、__________相同的条件下进行。

4. 绘制击实曲线时，以__________为横坐标，__________为纵坐标。

5. 压实度是指土质筑路材料__________干密度与__________干密度的百分比。

6. 土的最大干密度确定方法包括__________、__________、__________。

7. 已知某土样含水率为13.0%，湿密度为2.03 g/cm^3，其干密度为__________g/cm^3。

8. 当土试样中含有40 mm的颗粒时，且大于40 mm的颗粒含量小于__________时，应先剔除大于40 mm的颗粒，并求得其百分率 p，把小于40 mm部分做击实试验。

9. 请填写图1—3所示路面材料强度仪各部分的名称。

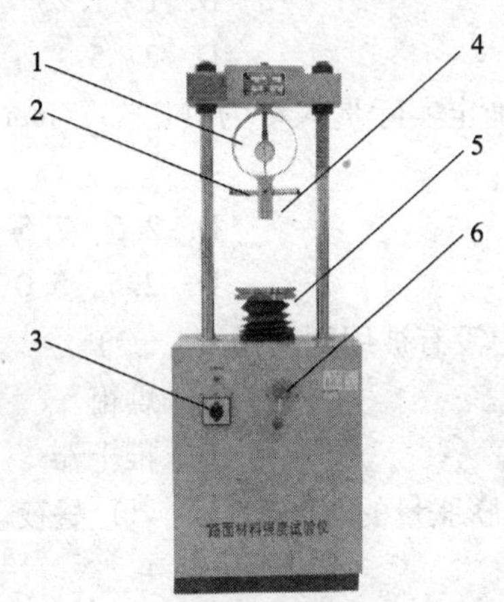

图1—3　路面材料强度仪

1—__________；2—__________；3—__________；4—__________；5—__________；6—__________。

10. 路面材料强度仪能量不小于__________kN，能调节贯入速度至每分钟贯入__________mm。

二、选择题（请在下列选项中选择一个正确答案并填在括号内）

1. 室内击实试验对于同一种土，配置成（　　）种不同含水率的试样。

A. 4　　B. 5

C. 6　　D. 7

2. 重型击实的小试筒体积为（　　）cm^3。

A. 987　　B. 887

C. 997　　D. 897

3. 重型击实采用小试筒时，土分为（　　）层装入试筒，每层击实（　　）次。

A. 3，98　　B. 3，27

C. 5，98　　D. 5，27

4. 土的最佳含水率（w_0）和最大干密度（ρ_{dmax}）随着击实功的增加，（　　）。

A. $\rho_{dmax}\uparrow, w_0\uparrow$　　B. $\rho_{dmax}\uparrow, w_0\downarrow$

C. $\rho_{dmax}\downarrow, w_0\uparrow$　　D. $\rho_{dmax}\downarrow, w_0\downarrow$

5. 下列关于 CBR 的说法中，正确的是（　　）。

A. CBR 值越大，材料强度越大

B. CBR 是加州承载力的简称

C. CBR 值是标准压力作用下的贯入量

D. CBR 值是贯入杆贯入试料 2.5 mm 或 5 mm 时的单位压力

6. CBR 试验中贯入杆的直径是（　　）mm。

A. 30　　B. 40

C. 50　　D. 60

7. CBR 试验中贯入杆的贯入速度是（　　）mm/min。

A. 0.5～1　　B. 1～1.25

C. 1.25～2　　D. 2～5

8. CBR 试验中通过曲线确定实际贯入量为（　　）mm 及（　　）mm 时所对应的标准荷载强度 P。

A. 2，5　　B. 2.5，7.5

C. 5，7.5　　D. 2.5，5.0

9. 下列仪器在击实试验中没有被用到的是（　　）。

A. 击实仪　　B. 烘箱

C. 方孔筛　　D. 推土器

10. CBR 试验中，泡水测膨胀量的时间为（　　）昼夜。

A. 3　　B. 4

C. 5　　D. 6

11. CBR 试验中，泡水测膨胀量时 4 块荷载板的质量为（　　）kg。

A. 1　　B. 5

C. 10　　D. 15

12. 在制作 CBR 试件时，试样质量为 6 600 g，测得土的风干含水率为 10%，要制作最佳含水率为 18% 的试样，应加水（　　）。

A. 528.0　　B. 504.0

C. 480.0　　D. 600.0

三、判断题（判断正误并在括号内填√或×）

1. 对于同一种土其最佳含水率、最大干密度是相同的。（　　）

2. 实际工程中，土在小于最佳含水率的情况下，通过增加压实功的办法不能够达到较

高的干密度。 ( )

3. 土在大于最佳含水率（较多）的情况下，通过增加压实功的办法可以达到较高的干密度。 ( )

4. 标准贯入试验是根据贯入的难易程度来判定土的物理力学性质。 ( )

5. CBR 值是指试料贯入量为 2.5 mm 或 5.0 mm 时的单位压力。 ( )

6. CBR 试验单位压力随贯入深度的增加而增加。 ( )

7. CBR 试验精度要求：变异系数 $C_V \ngtr 12\%$，干密度 ρ_d 偏差 $\ngtr 0.03\ g/cm^3$。 ( )

8. CBR 试验土样的评定是以土的最大干密度为标准的。 ( )

四、简答题

1. 简述路基土压实的实质。

2. 简述土的击实试验的击实过程。

五、计算题

1. 将土以不同含水率制成试样，用标准的夯击能使土样击实，测定其含水率及密度数据见表1—4。

表1—4 **含水量及密度数据**

含水率 w（%）	17.2	15.2	12.2	10.0	8.8	7.4
湿密度 ρ（g/cm^3）	2.06	2.10	2.16	2.13	2.03	1.89
干密度 ρ（g/cm^3）						

试绘出击实曲线，并求出其最佳含水率 w_0 及最大干密度 ρ_{dmax}。

2．表1—5中的数据为做CBR试验时所测得的结果，请将所需数据填在表格空白处，并计算$CBR_{2.5}$和CBR_5，判断该试验是否需要重做。

（已知：量力环校正系数$C=200$ N/0.01 mm，贯入杆直径$d=50$ mm。）

表1—5　　CBR试验测得的结果

荷载测力计百分表读数 R	单位压力 P（kPa）	百分表读数（0.01 mm）	贯入量 l（mm）
0.9		60.5	
1.8		106.5	
2.9		151	
4.0		194	
4.8		240.5	
5.1		286	
5.4		335	
5.6		383	
5.6		488	

模块二 集 料

任务一 认识集料及矿质混合料

一、填空题（请将正确答案填在空白处）

1. 集料是指在混合料中起__________作用的颗粒材料。
2. __________是指集料颗粒尺寸的大小，以集料所通过标准筛的筛孔尺寸来表示。
3. 在某种混合料中，各级颗粒的质量占总质量的百分率称为__________。
4. 级配常用的参数有__________、__________和__________。
5. 矿质混合料分成以下两种级配类型：__________和__________。
6. 天然集料或人工集料一般无法直接在工程上使用，必须通过设计，把两种或两种以上不同粒径的集料混合在一起，构成__________。

二、选择题（请在下列选项中选择一个正确答案并填在括号内）

1. 在沥青混合料中，细集料是指粒径小于（　　）mm 的天然砂、人工砂及石屑。
   A. 1.18　　B. 2.36
   C. 4.75　　D. 9.5
2. 在水泥混凝土中，粗集料是指粒径大于（　　）mm 的碎石、砾石和破碎砾石。
   A. 1.18　　B. 2.36
   C. 4.75　　D. 9.5
3. 下列不属于粗集料的是（　　）。
   A. 碎石　　B. 卵石
   C. 机制砂　　D. 砂石
4. 把 510.5 g 砂经过筛分，2.36 mm 筛上余留 106.5 g，则其分计筛余（　　）。
   A. 大于 20.9%　　B. 等于 20.9%
   C. 小于 20.9%　　D. 不能确定
5. 目前矿质混合料配合比设计普遍采用（　　）。
   A. 图解法　　B. 表格法
   C. 对比法　　D. 试算法

三、判断题（判断正误并在括号内填√或×）

1. 集料 100% 都要求通过的最小的标准筛筛孔尺寸称为集料的公称最大粒径。（　　）
2. 由天然砂、人工砂、机制砂或石屑等按一定比例混合形成的细集料称为混合砂。（　　）

3. 山砂、河砂、海砂属于人工集料。（　　）

4. 矿质混合料是由多种粒径的颗粒组成的混合料，在某种混合料中，各级颗粒的质量占总质量的百分率称为级配。（　　）

5. 良好的级配可以形成最密致的堆积状态，空隙率达到最小值，堆积密度达最大值。（　　）

6. 无论是天然集料还是人工集料，集料颗粒尺寸（粒径）都不是单一的，是多种粒径集料的组合。（　　）

7. 某号筛的累计筛余百分率与通过百分率之和应该等于100。（　　）

8. 通常所说的粒径即是指集料的公称最大粒径。（　　）

四、简答题

1. 根据工程上混合料种类的不同，矿质混合料的应用主要有哪些方面？

2. 什么是连续级配类型与间断级配类型？

3. 设计矿质混合料配合比时，试算法的简要步骤有哪些？

五、计算题

某细集料总质量503.0 g，经过筛分后，各筛上的筛余质量见表2—1，试计算各筛的分计筛余、累计筛余和通过百分率。

表2—1　　各筛上的筛余质量

筛孔尺寸（mm）	4.75	2.36	1.18	0.6	0.3	0.15	0.075	筛底
筛余质量（g）	0	132.0	102.5	97.5	73.0	46.5	38.0	13.5

任务二　评价细集料的性能

一、填空题（请将正确答案填在空白处）

1. 集料的颗粒体积由__________、__________和__________组成。
2. 根据集料堆积方式不同，细集料的堆积密度分为________密度和________密度。
3. 测定细集料的表观密度通常采用________方法。
4. 粗度是评价细集料粗细程度的一种指标。通常用________表示。
5. 细度模数为2.8的砂，属于________砂。（粗，中，细）
6. _______是指矿粉、细砂沉淀物的高度与絮凝物和沉淀物总高度的百分比，用SE表示。
7. 对于水泥混凝土用天然砂，水洗法筛分试验时应预先通过_______mm孔径的筛。
8. 测定细集料的泥块量时，试验前烘干1.18 mm筛上集料试样的质量为302 g，经筛洗后烘干0.6 mm筛上集料试样的质量为297 g，则其泥块含量为________。
9. 细集料的筛分试验方法有_______和_______两种。
10. 沥青混合料用细集料要求其表观密度不小于_______kg/m^3。

二、选择题（请在下列选项中选择一个正确答案并填在括号内）

1. 图2—1中代表开口孔隙的是（　　）。

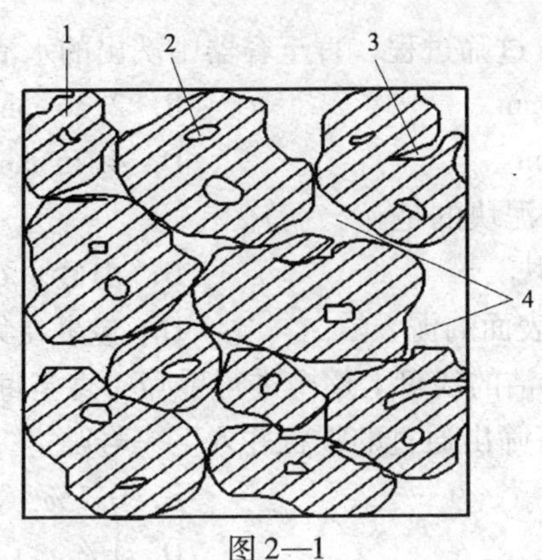

图 2—1

A. 1　　B. 2

C. 3　　D. 4

2. 某砂的表观密度为 2.71 g/cm^3，堆积密度为 2.3 g/cm^3，则其空隙率为（　　）。

A. 14.2%　　B. 15.1%

C. 16.0%　　D. 20.3%

3. 中砂的细度模数范围是（　　）。

A. 4.0 ~ 3.8　　B. 3.7 ~ 3.1

C. 3.0 ~ 2.3　　D. 2.2 ~ 1.6

4. 含泥量是指天然砂中粒径小于（　　）mm 的颗粒含量。

A. 0.015　　B. 0.075

C. 0.15　　D. 0.2

5. 称取某细集料 203 g 进行亚甲蓝试验，所加入的亚甲蓝溶液的总量为 26 mL，则其亚甲蓝值为（　　）g/kg。

A. 1.0　　B. 1.2

C. 1.3　　D. 1.4

6. 计算公式 $M_x = \dfrac{(A_{0.15} + A_{0.3} + A_{0.6} + A_{1.18} + A_{2.36}) - 5A_{4.75}}{100 - A_{4.75}}$ 可用来确定细集料的细度模数，则计算公式中 $A_{0.15} \cdots A_{4.75}$ 为指定各筛的（　　）。

A. 分计筛余量　　B. 分计筛余百分率

C. 累计筛余百分率　　D. 通过百分率

7. 细集料的筛分试验应进行两次平行试验，以平均值作为测定值。如两次试验所得的细度模数之差大于（　　），应重新进行试验。

A. 0.02　　B. 0.01

C. 0.2　　D. 0.3

8. 采用容量瓶法测定砂的表观密度，若两次平行试验结果之差值大于（　　）g/cm^3，应重新取样进行试验。

A. 0.01　　B. 0.02

C. 0.05　　D. 0.1

9. 测定细集料的含泥量时，应将试样置于洁净容器中注入洁净水搅拌、浸泡、淘洗，过（　　）套筛；重复水洗、过筛过程，直至容器中洗出的水清澈为止。

A. 1.18 mm、0.075 mm　　B. 2.36 mm、0.075 mm

C. 1.18 mm、0.15 mm　　D. 4.75 mm、2.36 mm

10. 下列不属于集料中的泥块的是（　　）。

A. 由纯泥组成的团块　　B. 由砂、石屑与泥组成的团块

C. 包裹在集料颗粒表面的泥　　D. 包裹在集料颗粒表面的砂粒

11. 集料筛分时，当在清洁的浅盘上逐个进行手筛，直至每分钟的筛出量不超过筛上剩余量的（　　）时为止，才将筛出通过的颗粒并入下一号筛。

A. 0.05%　　B. 0.1%

C. 0.2%　　D. 1%

12. 砂当量试验中测得的 h_1 为 112 mm，h_2 为 73 mm，则其 SE 为（　　）。

A. 185 mm　　B. 39 mm

C. 65%　　D. 1.53

三、判断题（判断正误并在括号内填√或×）

1. 材料的实体矿物及其闭口孔隙所对应的体积即为该材料的毛体积。（　　）

2. 集料的空隙率是指集料试样颗粒之间的空隙体积占总体积的百分率。（　　）

3. 集料的相对表观密度指集料的表观密度与4℃温度水的密度的比值。（　　）

4. 对沥青混合料及基层用细集料进行筛分时可以采用干筛法进行筛分，也可以采用水洗法筛分。（　　）

5. 细度模数越大，表示细集料越粗。（　　）

6. 相同细度模数的砂其颗粒级配也一定相同。（　　）

7. 筛洗法仅用于测定天然砂中粒径小于 0.075 mm 的尘屑、淤泥和黏土的含量，不适用于人工砂、石屑等矿粉成分较多的细集料。（　　）

8. 砂当量值越小，表明在小于 0.075 mm 部分所含的矿粉和细砂比例越高，细集料越洁净。（　　）

9. 同种材料的孔隙率越小，其强度越高。（　　）

10. 孔隙率又称空隙率。（　　）

11. 根据砂的细度模数大小可以将砂分为四个等级。（　　）

12. 亚甲蓝试验可用于确定细集料中是否存在膨胀性黏土矿物，并测定其含量，以评定集料的洁净程度，同时也可用于矿粉的质量检验。（　　）

四、简答题

1. 什么是细集料的表观密度、毛体积密度和堆积密度？

2. 什么是细集料的细度模数？如何判定细集料的粗度？

3. 简述细集料筛分试验所用水洗法的试验步骤。

4. 简述测定细集料洁净程度的砂当量试验步骤。

五、计算题

1. 假设某颗粒干燥时的实体质量为 51.6 g，实体体积为 26.5 cm^3，闭口孔隙体积为 6.3 cm^3，开口孔隙体积为 15.0 cm^3，试计算其表观密度和毛体积密度。

2. 某砂的水洗法筛分结果见表2—2，试填写相关数据，并判定该砂为粗砂、中砂还是细砂？

表2—2　　　　　　　　　　　　某砂的水洗法筛分结果

烘干试验质量（g）	第一组				第二组				平均	
	497				499					
水洗后干试样质量（g）	492.4				496.2					
筛孔尺寸（mm）	筛上重（g）	分计筛余（%）	累计筛余（%）	通过百分率（%）	筛上重（g）	分计筛余（%）	累计筛余（%）	通过百分率（%）	累计筛余（%）	通过百分率（%）
4.75	0				0					
2.36	152				132.5					
1.18	100.5				93					
0.6	96				118					
0.3	50.5				65					
0.15	47.5				37					
0.075	31				33.5					
筛底	12.5				14.5					
筛分后总质量（g）										
损耗（g）										
损耗率（%）										
细度模数										

3．容量瓶法测定某砂的表观密度时，该试样的烘干质量为302 g，称量的水及容量瓶的总质量为720 g，试样、水及容量瓶的总质量为908. 5 g，测得的水温为22℃，试求该砂的表观密度和表观相对密度（相关数据参考表2—3）。

表2—3　　不同水温时水的密度 ρ_T 及水温度修正系数 α_T

水温（℃）	15	16	17	18	19	20
水的密度 ρ_T（g/cm^3）	0. 999 13	0. 998 97	0. 998 80	0. 998 62	0. 998 43	0. 998 22
水温修正系数 α_T	0. 002	0. 003	0. 003	0. 004	0. 004	0. 005
水温（℃）	21	22	23	24	25	
水的密度 ρ_T（g/cm^3）	0. 998 02	0. 997 79	0. 997 56	0. 997 33	0. 997 02	
水温修正系数 α_T	0. 005	0. 006	0. 006	0. 007	0. 007	

任务三　评价粗集料的性能

一、填空题（请将正确答案填在空白处）

1．粗集料的堆积密度包括__________密度、__________密度和__________密度三种。

2．水泥混凝土用碎石的针片状颗粒含量采用__________法。沥青混合料用粗集料针片状颗粒含量的测定方法采用__________法。

3．石料经洛杉矶式磨耗机磨耗取出后，应选__________mm的方孔筛，筛去试样中被撞击磨碎的石屑。

4．集料__________用于衡量石料在逐渐增加的荷载下抵抗压碎的能力，它是衡量石料力学性质的指标之一。

5．__________是指按规定的方法测得的石料抵抗磨耗作用的能力，反映了石料抵抗撞击、剪切和摩擦等综合作用的性能，以__________表示。

6．__________是指按规定试验方法测得的石料抵抗轮胎磨光作用的能力，用PSV表示。

7. ＿＿＿＿＿反映岩石抵抗多次连续重复冲击荷载作用的能力。

8. 粗集料中细长的针状颗粒与扁平的片状颗粒质量占试样总质量的百分率，称为＿＿＿＿＿，用 Q_e 表示。

9. 洛杉矶磨耗试验对于粒度级别为 A 的试样，要求其试样总质量为＿＿＿＿＿g，钢球数为＿＿＿＿＿个，洛杉矶磨耗仪转动次数为＿＿＿＿＿次。

10. 粗集料在混合料中起＿＿＿＿＿作用。

二、选择题（请在下列选项中选择一个正确答案并填在括号内）

1. 碎石材料的几种密度中，大小顺序正确的为（　　）。

A. 表观密度 > 毛体积密度 > 堆积密度

B. 表观密度 > 堆积密度 > 毛体积密度

C. 堆积密度 > 毛体积密度 > 表观密度

D. 毛体积密度 > 堆积密度 > 表观密度

2. 决定碎石筛分试验每次试样用量的因素是（　　）。

A. 砂石材料的化学组成　　B. 砂石材料的公称粒径

C. 砂石材料的含水率　　D. 筛分结果精度要求

3. 对于沥青混合料用的粗集料，颗粒最大长度方向与最大厚度方向的尺寸之比大于（　　）的颗粒为针片状颗粒。

A. 2　　B. 3

C. 4　　D. 5

4. 洛杉矶磨耗试验对于粒度级别为 B 的试样，使用钢球的数量和钢球总质量分别为（　　）。

A. 12 个，5 000 g ± 25 g　　B. 11 个，4 850 g ± 25 g

C. 10 个，3 330 g ± 20 g　　D. 11 个，5 000 g ± 10 g

5. 石料洛杉矶磨耗试验要求磨耗机以 30 ~ 33 r/min 的转速转动（　　）转后停止，取出试样。

A. 350　　B. 400

C. 450　　D. 500

6. 石料的磨耗率取两次平行试验结果的算术平均值作为测定值。两次试验的误差应不大于（　　），否则须重做试验。

A. 1%　　B. 2%

C. 3%　　D. 5%

7. 确定粗集料压碎值试验试样质量时，按大致相同的数量将试样分三层装入金属量筒中，整平后，每层用金属棒在整个层面上均匀捣实（　　）次。

A. 20　　B. 25

C. 50　　D. 75

8. 规准仪法适用于测定水泥混凝土使用的（　　）mm 以上的粗集料针、片状颗粒含量。

A. 2.36　　B. 4.75

C. 9.5　　D. 13.2

9. 粗集料压碎值试验称取的是装入压碎值测定仪钢质筒内的（　　）mm 的集料试样。

A. 4.75 ~ 13.2　　B. 9.5 ~ 13.2

C. 9.5 ~ 19　　D. 4.75 ~ 19

10. 压碎值试验要求在 10 min 左右的时间内均匀加荷至（　　）kN，然后稳压 5 s 后卸载。

A. 300　　B. 350

C. 400　　D. 500

11. 压碎值试验后，应称取通过（　　）mm 筛孔的全部细料的质量，进行压碎值计算。

A. 2.36　　B. 4.75

C. 9.5　　D. 13.2

12. 用游标卡尺法测粗集料针片状时，称取的试样应不少于（　　）颗。

A. 100　　B. 150

C. 200　　D. 250

13. 用游标卡尺法检测粗集料针片状颗粒含量时，试验要平行测定两次，计算两次结果的平均值。如两次结果之差小于平均值的（　　），取平均值为试验值。

A. 5%　　B. 10%

C. 15%　　D. 20%

14. 图 2—2 所示为（　　）试验所用仪器。

A. 洛杉矶磨耗试验　　B. 压碎值试验

C. 针片状颗粒试验　　D. 坚固性试验

图 2—2

15. 高速行驶的车辆对路面抗滑性提出了较高的要求，（　　）越高，抗滑性越好。

A. 压碎值　　B. 磨光值

C. 磨耗值　　D. 冲击值

三、判断题（判断正误并在括号内填√或×）

1. 粗集料的压碎值越大，表示其抵抗压碎的能力越强。（　　）

2. 石料的磨光值越高，表示其抗滑性越好。（　　）

3. 石料的磨耗值越高，表示其耐磨性越差。（　　）

4. 粗集料的冲击值越小，表示其抗冲击荷载的能力越强。（　　）

5. 粗集料的坚固性指集料在气候、环境变化或其他物理因素作用下抵抗碎裂的能力。（　　）

6. 一般情况下，可以用硫酸钠溶液法测定粗集料的坚固性。（　　）

7. 用游标卡尺法检测粗集料针片状颗粒含量时，可称取 500 g 试样进行试验。（　　）

8. 对于高速公路及一级公路的表面层，要求其石料的压碎值不大于 26%，其他层次不大于 28%。（　　）

9. 一般磨耗损失小的集料，其坚硬性，耐磨性，耐久性都较好。（　　）

10．同一个采石场生产的同一类集料，可以在一起筛分进行洛杉矶试验。不同采石场生产的集料，必须分别进行洛杉矶试验。（　）

四、简答题

1．粗集料的堆积密度分为哪几种？并分别简述如何测定。

2．什么是针片状颗粒？针片状颗粒有哪些危害？

3．简述用游标卡尺法检测粗集料针片状颗粒含量试验步骤。

4．简述粗集料压碎值试验的基本步骤。

5．简述粗集料洛杉矶磨耗试验的基本步骤。

五、计算题

1．某粗集料的表观密度为 2 680 kg/m^3，毛体积密度为 2 460 kg/m^3，振实法测定的粗集料的堆积密度为 2 127 kg/m^3，捣实法测定的粗集料的堆积密度为 2 256 kg/m^3，试求粗集料用于水泥混凝土时振实状态下的空隙率和用于沥青混合料时捣实状态下的空隙率。

2. 某压碎值试验用金属筒测定的石料数量为3 012 g，分别称取试样进行试验，试验后通过2. 36 mm筛孔的细料质量分别为370. 0 g，402. 0 g，395. 0 g，试评价该石料的压碎值是否合格。

3. 某石料的洛杉矶磨耗试验，缩分试样两份，质量分别为5 003 g和4 998 g，两次试验后在1. 7 mm筛上的洗净烘干试样，称取质量分别为4 012 g和3 987 g，试求该石料的洛杉矶磨耗损失，并判定是否满足要求？

模块三　水泥及水泥混凝土

任务一　认识水泥混凝土

一、填空题（请将正确答案填在空白处）

1. 水泥混凝土配合比设计的步骤是________、________、________和________。

2. 水泥混凝土初步配合比确定后，主要检验混凝土混合料的________与________是否满足要求。

3. 若水泥混凝土混合料坍落度过大，可以保持________不变，适当增加________的用量。

4. 硅酸盐水泥的主要矿物成分是________、________、________、________。

5. 在水泥中掺入适量石膏的目的是________。

6. 大坝水泥发热量低，故应提高水泥熟料中________含量，降低________、________含量。

7. 硅酸盐水泥矿物成分中，对水泥早期强度起主导作用的是________，对水泥后期强度起主导作用的是________。

8. 硅酸盐水泥的硬化过程分________、________、________、________四个时期。

9. 硅酸盐水泥熟料矿物组成中，放热量最大的是________。

10. 水泥混凝土中所用的粗集料的强度可用________和________两种方法检验。

11. 水泥混凝土配合比的表示方法有________和________两种。

12. 单位用水量是指________。

13. 减水剂在保持混凝土用水量和水泥用量不变的情况下，可增大混凝土的________。

14. 早强剂可以________混凝土的养护时间。

15. 单位用水量反映了水泥浆与________之间的比例关系。

16. 水泥混凝土按表观密度可分为________、________和________；按抗压强度可分为________、________和________。

17. 水泥按化学成分可分为________、________、

________________、________________和________________；按用途和性能分类可分为________________、________________和________________。

18. 通用水泥包括________________、________________、________________、________________、________________和________________六大品种水泥。

19. 硅酸盐水泥是由硅酸盐水泥熟料、0% ~5%________________、适量石膏磨细制成的水硬性胶凝材料。

20. 水泥浆逐渐变稠失去流动性和可塑性而未具有强度的过程，称为水泥的________________；水泥浆产生强度并逐渐发展成为坚硬的人造石的过程，称为水泥的________________。

二、选择题（请在下列选项中选择一个正确答案并填在括号内）

1. 以下（　　）不是普通水泥混凝土的组成材料。

A. 水泥　　B. 水

C. 沥青　　D. 碎石

2. 提高（　　）和 C_3S 的含量，可获得具有较高抗弯拉强度的道路硅酸盐水泥。

A. C_3S　　B. C_2S

C. C_3A　　D. C_4AF

3. 在其他材料均相同的情况下，（　　）配制的新拌混凝土具有较好的流动性。

A. 针状碎石　　B. 立方体碎石

C. 卵石　　D. 片状碎石

4. 膨胀水泥是（　　）。

A. 通用水泥　　B. 专用水泥

C. 特性水泥　　D. 早强水泥

5. 硅酸盐水泥生产工艺可概括为（　　）。

A. 两磨一烧　　B. 两烧一磨

C. 一磨一烧　　D. 一磨两烧

6. 随着粗集料粒径的增加，新拌水泥混凝土的单位用水量应（　　）。

A. 无变化　　B. 增加

C. 减少　　D. 相等

7. 水泥混凝土中碎石颗粒的形状以接近（　　）为佳。

A. 针状　　B. 立方体

C. 片状　　D. 圆形

8. 粗集料含泥量指卵石、碎石中粒径小于（　　）mm 的颗粒含量。

A. 9.5　　B. 4.75

C. 2.36　　D. 0.075

9. 粗集料泥块含量指卵石、碎石中原粒径大于 4.75 mm，经水浸洗、手捏后小于（　　）mm 的颗粒含量。

A. 9.5　　B. 4.75

C. 2.36　　D. 0.075

10. 减水剂在保持水泥混凝土工作性和水泥用量不变的情况下，可（　　）用水量10%左右，混凝土强度（　　）10%左右。

A. 减少；提高　　B. 提高；减少

C. 减少；减少　　D. 提高；提高

11. 早强剂可以提高混凝土的（　　）。

A. 早期强度　　B. 流动性

C. 后期强度　　D. 黏聚性

12. 缓凝剂具有延缓混凝土的（　　）的作用。

A. 早期强度　　B. 凝结时间

C. 后期强度　　D. 拌和时间

13. 以下（　　）不是水泥混凝土配合比设计的三参数。

A. 水胶比　　B. 单位用水量

C. 砂率　　D. 单位水泥用量

三、判断题（判断正误并在括号内填√或×）

1. 水泥混凝土混合物坍落度越大，表示混合料的流动性越大。（　　）

2. 用细度模数来划分水泥混凝土用砂的三个级配分区。（　　）

3. 水泥中 C_3S 含量越大，水泥凝结硬化越快。（　　）

4. 粉煤灰水泥水化热低，和易性好，适用于道路水泥混凝土工程。（　　）

5. 硫酸盐的侵蚀是由于海水或污水中硫酸盐类与水泥石中的水化硅酸钙反应引起膨胀破坏的。（　　）

6. 水泥的生产工艺概括为生料磨细，熟料煅烧加石膏再磨细。（　　）

7. 复合硅酸盐水泥是由硅酸盐水泥熟料、两种或两种以上规定的混合材料适量石膏磨细制成的水硬性胶凝材料。（　　）

8. 同碎石相比，卵石配制的新拌混凝土具有较高的强度。（　　）

9. 早强剂具有减水剂功能。（　　）

10. 海水可用于拌制钢筋混凝土和预应力混凝土。（　　）

11. 在混凝土中加入减水剂，可以在保持混凝土工作性和强度不变的情况下，增加水泥用量5%～10%。（　　）

12. 缓凝剂可以降低水泥的初期水化热。（　　）

13. 采用各种轻集料配制成的轻集料结构混凝土可屏蔽各种射线的辐射。（　　）

四、简答题

1. 什么是水泥混凝土？水泥混凝土的原材料都有哪些？

2. 在水泥混凝土中为什么要限制粗集料的针、片状颗粒含量？

3. 简述水泥混凝土用于建筑工程中的优缺点。

4. 简述水泥混凝土配合比的设计步骤。

5. 作为混凝土的外加剂，引气剂都有哪些功能？

6. 一条受硫酸盐污染的河流两岸，需修建水泥混凝土泊岸，为减少河水腐蚀影响，可采取的措施有哪些？

7. 叙述硅酸盐水泥的主要矿物成分及特性。

8. 叙述硅酸盐水泥的凝结及硬化过程。

9. 矿渣水泥与普通水泥相比有哪些特点？

10．粉煤灰水泥具有哪些主要特性？主要适用于哪些范围？

11．道路硅酸盐水泥在矿物组成上有什么特点？在技术性质方面有什么特殊要求？

12．水泥混凝土用集料中的有害物质指什么？举例说明。

13．什么是碱—集料反应，对水泥混凝土结构有什么危害？

14. 集料中的含泥量或泥块含量对水泥混凝土结构有什么影响？

15. 水泥石为什么会有腐蚀现象？

五、计算题

1. 现在实验室求得一立方米混凝土的各种材料用量为水泥 360 kg，砂 612 kg，石子 1 241 kg，水 187 kg，求该混凝土的实验室配合比，如工地所用砂含水率 3%，石子含水率 2%，求该混凝土的施工配合比。

2. 初步配合比为400∶190∶560∶1 200。按此配合比拌制的混凝土拌和物坍落度不能满足施工和易性要求。为此，保持水胶比不变，增加2%水泥浆，再经搅拌后测得坍落度符合要求，黏聚性、保水性均良好。求调整后的基准配合比。

任务二　评价水泥的性能

一、填空题（请将正确答案填在空白处）

1. 凡____________、____________、____________和____________符合规定的水泥属于合格品。

2. 水泥的化学指标包括____________、____________、____________、____________和____________五部分。

3. 引起水泥体积安定性不良的原因，主要是由于水泥熟料矿物组成中含有过多的____________和____________，或者水泥粉磨时____________掺量过多。

4. 水泥强度主要评价水泥胶砂时的____________和____________。

5. 水泥细度的检验方法分为________________和________________。筛析法又可分为________________和________________两种。

6. 凝结时间分为____________和____________。

7. 用维卡仪测定水泥标准稠度用水量时，当试杆距玻璃板距离小于5 mm时，应适当____________并重复水泥浆的拌制和测定；若距离大于7 mm时，则应适当____________并重复水泥浆的拌制和测定，直至试杆距玻璃板距离满足要求为止。

8. 水泥的终凝时间是指从水泥加水拌和开始计时到初凝针沉入水泥净浆中____________时所用的时间。

9. 将水泥净浆装满雷氏夹并抹平盖上玻璃板后，应将雷氏夹移至湿气养护箱内养护____________。

10. 水泥胶砂试件的成型要分__________层振实。

11. 水泥胶砂试件抗压强度测定时应使试件________________朝上。

二、选择题（请在下列选项中选择一个正确答案并填在括号内）

1. 水泥胶砂强度试验中水泥与ISO砂的质量比为（　　）。

A．1∶2　　B．1∶3

C．3∶1　　D．2∶1

2．金属滑动棒与试杆（试针）的总质量为（　　）。

A．500 g ±1 g　　B．250 g ±1 g

C．100 g ±1 g　　D．300 g ±1 g

3．沸煮箱应能在（　　）内将箱内试验用水由室温升至沸腾并可保持沸腾状态。

A．30 min ±5 min　　B．45 min ±5 min

C．60 min ±5 min　　D．3 h ±5 min

4．雷氏夹在使用前检查两根指针的针尖距离，如果距离增加在（　　）范围以内，当去掉砝码后针尖的距离应能恢复至挂砝码前的状态。

A．17.5 mm ±2.5 mm　　B．20.5 mm ±2.5 mm

C．19.5 mm ±2.5 mm　　D．16.5 mm ±2.5 mm

5．标准稠度用水量测定时，水泥净浆试模应（　　）放置在玻璃板上。

A．小口向上　　B．大口向上

C．方向无限制地　　D．横向

6．用维卡仪测定水泥标准稠度用水量时，将装满净浆的试模安放好后，试杆从（　　）垂直自由地沉入水泥净浆中。

A．维卡仪数值的最高处　　B．净浆表面

C．维卡仪数值的最低处　　D．净浆以上任意高处

7．用维卡仪测定水泥标准稠度用水量时，从水泥浆拌制后到完成标准稠度的测定，整个操作应在搅拌后（　　）min 内完成。

A．1　　B．3.5

C．1.5　　D．3

8．用维卡仪测定水泥标准稠度用水量时，以试杆沉入净浆并距底板（　　）的水泥净浆为标准稠度净浆。

A．4 mm ±1 mm　　B．5 mm ±1 mm

C．6 mm ±1 mm　　D．7 mm ±1 mm

9．用维卡仪测定标准稠度用水量时，如拌和用水量为 130 mL，测定试杆落入水泥净浆中距底板的距离为 3 mm，则该水泥的标准稠度用水量为（　　）。

A．26%　　B．130 mL

C．29%　　D．无结果

10．凝结时间用试件制作完成后，在湿气养护箱中养护至加水后（　　）min 进行第一次初凝时间的测定。

A．10　　B．30

C．20　　D．40

11．测定水泥初凝时间时，从水泥加水拌和开始计时到初凝针沉入水泥净浆中并距底板的距离为（　　）时所用的时间。

A．4 mm ±1 mm　　B．5 mm ±1 mm

C．6 mm ±1 mm　　D．7 mm ±1 mm

12. 测定水泥终凝时间时，试模应（　　）放置在玻璃板上。

A. 小口向上　　B. 大口向上

C. 方向无限制地　　D. 横向

13. 将雷氏夹试件放入水中箅板上煮沸时，雷氏夹指针应（　　）放置。

A. 朝下　　B. 朝上

C. 斜向　　D. 横向

14. 水泥胶砂试验中，一组试件所用水泥的用量为（　　）g。

A. 400　　B. 450

C. 500　　D. 550

15. 测定水泥强度制备水泥胶砂时，应在搅拌的（　　）s 时将砂均匀地加入搅拌锅中。

A. 第一个 30　　B. 第二个 30

C. 第三个 30　　D. 停拌 90

16. 每层胶砂要振实（　　）次。

A. 40　　B. 50

C. 60　　D. 70

17. 水泥胶砂试件放入水槽中养护时，应（　　）朝上。

A. 刮平面　　B. 侧面

C. 方向无限制地　　D. 底面

18. 采用杠杆式抗折试验机测定水泥试件抗折强度时，应将试件（　　）放入抗折试验机内。

A. 成型底面朝上　　B. 成型侧面朝上

C. 竖向　　D. 成型正面朝上

19. 水泥强度测定时，测定一组抗折强度的胶砂试件有（　　）个，抗压强度试件有（　　）个。

A. 4，8　　B. 6，3

C. 8，4　　D. 3，6

20. 水泥胶砂试件抗压试验加荷速度为（　　）。

A. 50 N/s ±10 N/s　　B. 1 200 N/s ±200 N/s

C. 240 N/s ±20 N/s　　D. 2 400 N/s ±200 N/s

三、判断题（判断正误并在括号内填√或×）

1. 水泥烧失量是判断水泥中混合材料掺加量的一个重要参数，一般来说，烧失量越小，水泥的品质越差。（　　）

2. 熟料煅烧好，漏生少，熟料中不溶物含量就低。（　　）

3. 国标中规定，硅酸盐水泥中三氧化硫的含量不得小于 3.5%。（　　）

4. 氧化镁是引起水泥安定性不良的原因之一。（　　）

5. 水泥强度等级中的 R 代表该水泥为早强型水泥。（　　）

6. 筛析法分为负压筛法和水筛法两种，当结果有争议时，以负压筛试验结果为准。（　　）

7. 水泥净浆搅拌机工作前，搅拌锅和搅拌叶片应先用湿布擦拭。（　）

8. 用维卡仪测定水泥标准稠度用水量时，释放试杆垂直落入水泥净浆后应立即读取并记录试杆到底板的距离。（　）

9. 临近初凝时，应每隔 5 min 测定一次。（　）

10. 用雷氏夹法测定水泥的体积安定性时，当两个试件煮后增加距离（$C-A$）的平均值不大于 0.5 mm 时，则认为该水泥安定性合格。（　）

11. 测定水泥强度时，两个龄期以上的试件，编号时应将同一试模中的三条试件分在同一个龄期内。（　）

12. 水泥胶砂试件脱模后放入水槽中养护，试件之间间隙和试件上表面的水深不得小于 5 mm。（　）

13. 采用杠杆式抗折试验机试验时，试件放入前，应使杠杆成一定的仰角。（　）

14. 水泥胶砂试件抗折试验加荷速度为 50 N/s ± 10 N/s。（　）

15. 水泥胶砂试件抗折试验时试件应保持干燥状态。（　）

四、简答题

1. 什么是水泥的凝结时间？凝结时间的测定有什么意义？

2. 什么是水泥的标准稠度用水量，应如何表示？

3. 什么是水泥的体积安定性？体积安定性的测定意义是什么？

4. 什么是水泥的细度？水泥颗粒的粗或细有什么影响？

5. 影响水泥安定性的因素是什么？

6. 普通水泥的技术性质有哪些？

7. 如何测定水泥的强度？

五、计算题

1. 已测得普通硅酸盐水泥的 3 天的抗折、抗压强度均达到 52. 5 级强度等级水泥的指标：现经试验测得 28 天的破坏荷载见表 3—1。试评定水泥强度（规范要求：28 天的 $R_{折}$ 为 7. 1 MPa，$R_{压}$ 为 52. 5 MPa）。

表 3—1

试件编号	Ⅰ		Ⅱ		Ⅲ	
	Ⅰ -1	Ⅰ -2	Ⅱ -1	Ⅱ -2	Ⅲ -1	Ⅲ -2
抗折破坏荷载（kN）	2. 9		3. 5		3. 2	
抗压破坏荷载（kN）	89	91	92	88	86	85

2. 现有矿渣水泥两种，各做一组水泥胶砂强度实验，测得它们的 3 天、28 天强度结果列入表 3—2，评定该水泥强度。

表 3—2

	抗折强度（MPa）		抗压强度（MPa）			
	3 天	28 天	3 天		28 天	
矿渣水泥	4. 25	6. 51	21. 8	23. 5	42. 8	43. 0
	4. 21	6. 50	23. 5	23. 8	43. 1	42. 9
	3. 55	6. 41	21. 6	21. 3	41. 8	42. 0

3. 某单位购买一批42.5级普通水泥，因存放期超过三个月，需试验室重新检验强度。已测得该水泥试件3天的抗折、抗压强度，均符合42.5级的规定指标，又测得28天的抗折、抗压破坏荷载见表3—3，求该水泥实际强度为多少？

表3—3

编号	抗折破坏荷载（N）	抗压破坏荷载（N）	编号	抗折破坏荷载（N）	抗压破坏荷载（N）	编号	抗折破坏荷载（N）	抗压破坏荷载（N）
Ⅰ	2.80×10^3	0.67×10^5	Ⅱ	2.78×10^3	0.72×10^5	Ⅲ	2.76×10^3	0.72×10^5
		0.70×10^5			0.73×10^5			0.68×10^5

任务三　评价水泥混凝土的性能

一、填空题（请将正确答案填在空白处）

1. 通常认为水泥混凝土拌和物的工作性包含________、________、________和________四个方面的含义。

2. 拌和物的流动性是指其在自重或振动力作用下克服内部阻力产生________的性能。

3. 稳定性是指混凝土拌和物在运输和浇筑过程中不产生________、________、________，保持自身均匀的性能。

4. 水泥混凝土拌和物的工作性能用________表示。

5. 水泥混凝土拌和物的稠度试验方法有________和________等。

6. 坍落度仪法用________和________两项指标表征其流动性。

7. 进行坍落度测试的同时，通过定性评价水泥混凝土拌和物的________、________、________、________等，综合评价拌和物的工作性能。

8. 维勃仪法测得的维勃稠度用________表示。

9. 水泥混凝土的强度等级用符号“C”和“________”两项内容来表示。

10. 干湿变形主要表现为________。

11. 水泥混凝土在________作用下，随时间增加的变形称为徐变，也称蠕变。

12. 实验室水泥混凝土的拌和分为________和________两种方式。

二、选择题（请在下列选项中选择一个正确答案并填在括号内）

1. 维勃仪法适用于集料公称最大粒径（　　）mm 的干稠性水泥混凝土拌和物的稠度测定。

A. 不大于 31.5　　B. 不大于 26.5

C. 不小于 31.5　　D. 不小于 26.5

2. C20 表示水泥混凝土立方体抗压强度标准值（　　）MPa。

A. <20　　B. ≥20

C. >20　　D. =20

3. 道路路面或机场跑道用水泥混凝土，以（　　）为主要强度指标。

A. 抗折强度　　B. 抗弯拉强度

C. 抗压强度　　D. 抗拉强度

4. 对大体积水泥混凝土工程，（　　）不能降低水泥混凝土的发热量。

A. 采用低热水泥　　B. 减少水泥用量

C. 采用人工降温　　D. 增加水泥用量

5. 以下（　　）不能提高水泥混凝土的抗磨损能力。

A. 减少脆裂的发生　　B. 提高混凝土的断裂韧性

C. 增加原生缺陷　　D. 提高硬度

6. 以下（　　）不是水泥和混凝土发生碱—集料反应必须具有的三个条件。

A. 水泥中含有较高的碱量　　B. 水泥含碱量小于 0.6%

C. 存在水分　　D. 存在活性集料并超过一定数量

7. 测坍落度时，混凝土分（　　）层装筒。

A. 一　　B. 两

C. 三　　D. 四

8. 测坍落度混凝土装筒时，用捣棒在每一层的横截面上插捣的方式是（　　）。

A. 随意插捣　　B. 沿螺旋线由边缘至中心

C. 插捣一处　　D. 沿螺旋线由中心至边缘

9. 测坍落度时，从开始装料到提出坍落度筒整个过程应在（　　）s 内完成。

A. 90　　B. 130

C. 150　　D. 170

10. 混凝土抗压强度试验结果要求，当三个试件中任何一个测值与中值之差超过中值的（　　）时，则取中值作为测定值。

A. 5%　　B. 10%

C. 15%　　D. 20%

11. 混凝土抗压强度标准试件的尺寸为（　　）。

A. 50 mm×50 mm×50 mm　　B. 100 mm×100 mm×100 mm

C. 150 mm×150 mm×150 mm　　D. 200 mm×200 mm×200 mm

12. 将混凝土试件置于压力机中心并对中，施加荷载时，对于强度等级为 C30 ~ C60 的混凝土，加载速度取（　　）MPa/s。

A. 0.3~0.5　　　　B. 0.5~0.8

C. 0.8~1.0　　　　D. 1.0

13. 将混凝土试件置于压力机中心并对中，施加荷载时，对于强度等级为小于 C30 的混凝土，加载速度取（　　）MPa/s。

A. 0.3~0.5　　　　B. 0.5~0.8

C. 0.8~1.0　　　　D. 1.0

14. 混凝土立方体抗压强度试验，要求试件破坏时的最大荷载应在压力机量程的（　　）。

A. 10%~90%　　　　B. 20%~80%

C. 30%~70%　　　　D. 40%~60%

15. 桥用 C40 的混凝土，经设计配合比为水泥∶水∶砂∶碎石 = 380∶175∶610∶1 300，采用相对用量可表示为（　　）。

A. 1∶1.61∶3.42∶0.46　　　　B. 1∶0.46∶1.61∶3.42

C. 1∶1.6∶3.4∶0.5　　　　D. 1∶0.5∶1.6∶3.4

三、判断题（判断正误并在括号内填√或×）

1. 拌和物的可塑性是指其在自重或振动力作用下克服内部阻力产生流动变形的性能。（　　）

2. 易密性是指混凝土拌和物易于浇捣密实的性能。（　　）

3. 坍落度仪法适用于集料公称最大粒径不大于 31.5 mm、坍落度不小于 10 mm 的水泥混凝土拌和物稠度的测定。（　　）

4. 混凝土坍落度及坍落扩展度越小，表示水泥混凝土拌和物流动性越大。（　　）

5. 维勃时间越短，表示水泥混凝土拌和物流动性越小。（　　）

6. 水泥混凝土硬化后的化学收缩变形是能恢复的，一般对结构没有什么影响。（　　）

7. 测混凝土坍落度装筒时，用捣棒在每一层的横截面上均匀插捣 25 次。（　　）

8. 进行普通混凝土立方体抗压强度测定时，其受压面应平行于成型抹平面。（　　）

9. 按插捣混凝土拌合物的难易程度评定棍度。（　　）

10. 保水性根据水分从拌合物中析出情况，分为“多量”“少量”“无”三级。（　　）

四、简答题

1. 坍落度和坍落扩展度是什么指标？指的是什么？

2．影响新拌水泥混凝土工作性能的主要因素是什么？

3．水泥混凝土的强度应如何测定？

4．什么是水泥混凝土的立方体抗压强度标准值？

5．道路路面用水泥混凝土的抗弯拉强度如何测定？

6．影响硬化后水泥混凝土强度的因素是什么？

7．提高水泥混凝土强度的技术措施是什么？

8．硬化后水泥混凝土的变形有哪些？

9．采取哪些措施可以减小水泥混凝土的干缩？

10．水泥混凝土热胀冷缩的性质对大体积及大面积水泥混凝土工程有何不利影响？

11．水泥混凝土的抗冻性指什么？产生的原因是什么？

12．水泥混凝土抗冻性的影响因素以及提高抗冻性的措施是什么？

13．如何评定水泥混凝土的耐磨性？

14．水泥混凝土的碱—集料反应是什么？应如何防止此危害？

15．水泥混凝土的碳化是什么？提高水泥混凝土抗碳化的主要措施有哪些？

16．简述混凝土拌合物的坍落度试验步骤。

17．简述混凝土抗压强度的试验步骤。

18．水泥混凝土应具有哪些主要性能？

19．水泥混凝土混合料的黏聚性如何判断？

20．简述混凝土抗压强度结果的处理方法。

五、计算题

今有一组普通水泥混凝土试件（150 mm × 150 mm × 150 mm）测得28天的破坏荷载分别为625 kN、797 kN、692 kN，试确定其强度。

模块四　无机结合料稳定材料

任务一　认知无机结合料稳定材料

一、填空题（请将正确答案填在空白处）

1. 在经过粉碎的或原来松散的土中，掺入足量的________和________，经拌和得到的混合料，在________和________后，当其抗压强度符合规定的要求时，称为无机结合料稳定材料。

2. 按照土中颗粒的最大粒径和公称最大粒径，将土分为____________、____________、____________三种。

3. 无机结合料稳定材料的分类中，根据无机结合料的种类可分为________、________、________。

4. 无机结合料稳定材料的分类中，根据土的粒径大小和组成可分为______________、____________。

5. 无机结合料稳定材料的分类中，按混合料结构状态可分为__________、__________、__________、__________。

6. 水泥稳定材料中应选用凝结时间较长的水泥，水泥的初凝时间__________以上、终凝时间宜__________以上。

7. 水泥稳定材料中应选用强度等级__________的水泥，水泥强度等级宜采用______和________或________。

8. 用于无机结合稳定材料中的粉煤灰中 SiO_2、Al_2O_3和 Fe_2O_3的总含量应大于______、粉煤灰的烧失量不应超过______，粉煤灰的比表面积宜大于______。

9. 水泥稳定材料用做底基层时，土的液限不超过______________，塑性指数不应超过____________。

10. 无侧限抗压强度试件尺寸对于细粒土为 ϕ ______mm；中粒土为 ϕ ______ mm；粗粒土为 ϕ ______mm。

二、选择题（请在下列选项中选择一个正确答案并填在括号内）

1. 选用土质，既要考虑其强度，还要考虑到施工时易于粉碎便于碾压成型。一般选用塑性指数为（　　）的土。

A. 5 ~ 10　　B. 10 ~ 15　　C. 15 ~ 20　　D. 20 ~ 25

2. 水泥稳定中粒土和粗粒土时，水泥剂量为（　　），稳定塑性指数小于 12 的细粒土，剂量为（　　），其他细粒土，剂量为（　　）。

A. 4% ~11%，3% ~8%，6% ~16%

B. 3% ~8%，4% ~11%，6% ~16%

C. 5% ~10%，4% ~7%，7% ~15%

D. 4% ~7%，5% ~10%，7% ~15%

3. 石灰稳定材料生产实践中常用的最佳剂量范围，对于黏质土及粉质土为（　　）；对细粒土质砂则为（　　）。

A. 8% ~14%，9% ~16%　　B. 10% ~15%，12% ~18%

C. 9% ~16%，8% ~14%　　D. 12% ~18%，10% ~15%

4. 在道路工程上，块状生石灰的技术指标为（　　）。

A. 有效钙、氧化镁含量、细度

B. 含水量、氧化镁含量、细度

C. 有效钙、氧化镁含量、未消化残渣含量

D. 有效钙、氧化镁含量、含水量

5. 在道路工程上，消石灰粉的技术指标为（　　）。

A. 有效钙、氧化镁含量、未消化残渣含量

B. 有效钙、氧化镁含量、含水量和细度

C. 有效钙、氧化镁含量、含水量

D. 含水量、氧化镁含量、细度

6. 水泥稳定材料用做底基层时，土的均匀系数应大于（　　），并符合级配范围的要求。

A. 5　　B. 6　　C. 7　　D. 8

7. 水泥、石灰粉煤灰稳定类材料用于二级公路的基层或底基层时，压碎值要求小于等于（　　）。

A. 30%　　B. 35%　　C. 40%　　D. 45%

8. 无机结合稳定细粒土当偏差系数为10% ~15%时，最少的试件数量应为（　　）。

A. 3　　B. 6　　C. 9　　D. 13

9. 无侧限试件在规定温度（北方20℃ ±2℃，南方25℃ ±2℃）下保温养护（　　）d，浸水（　　）d，然后进行无侧限抗压强度试验，计算试验结果的平均值和偏差系数。

A. 5，2　　B. 6，1　　C. 6，2　　D. 5，1

10. 无机结合稳定材料采用路拌法施工时，灰剂量宜比室内试验确定的剂量增加（　　）。

A. 0.5%　　B. 1%　　C. 1.5%　　D. 2%

三、判断题（判断正误并在括号内填√或×）

1. 石灰稳定材料可用于高速公路和一级公路的基层。（　　）

2. 二灰土可用于高速公路和一级公路的基层。（　　）

3. 水泥稳定材料的强度、水稳性和抗冲刷能力都较石灰稳定材料好，暴露的水泥稳定类材料因干缩和温缩也易产生裂缝。（　　）

4. 石灰稳定材料收缩裂缝多、抗冲刷能力较差。（　　）

5. 石灰粉煤灰综合稳定材料抗裂缝能力优于水泥土和石灰土，抗冻性好。（　）

6. 水泥的矿物成分和分散度对其稳定效果有明显影响，对同一种土，铝酸盐水泥比硅酸盐水泥稳定效果好。（　）

7. 在水泥矿物成分相同、硬化条件相似的情况下，水泥稳定土或集料的强度随水泥比表面积和活性的增大而提高。（　）

8. 稳定土或集料的强度还与水泥用量有关，通常选取水泥的最佳用量作为灰剂量。（　）

9. 在石灰用量不大的情况下，钙质石灰比镁质石灰稳定土的初期强度高，镁质石灰稳定土在石灰用量大时，后期强度优于钙质石灰稳定土。（　）

10. 塑性指数在 15 以上的黏性土，更适合用水泥和石灰综合稳定。（　）

四、简答题

1. 水泥土与水泥砂砾、水泥碎石相比，有哪些不利的特征？

2. 简要回答无机结合料稳定材料组成设计一般步骤。

五、计算题

某工程项目对水泥稳定土进行配合比设计，为进行无侧限抗压强度试验现需制作试件，请根据已知条件确定制作一个试件需要水泥、土和水的用量。

已知：水泥剂量5%，混合料的最大干密度2.30 g/cm^3，混合料最佳含水率10%。试件采用小试筒ϕ50 mm×50 mm，体积为98.17 cm^3。工地压实度按96%控制。土的天然含水率为6%。

任务二　评价石灰与粉煤灰的性能

一、填空题（请将正确答案填在空白处）

1. 未消化残渣含量综合反映生石灰中的________和________数量。

2. 未消化残渣含量测定是将生石灰按标准方法消化后，用过筛后存留在______mm圆孔筛上________________表示。

3. 现行标准以__________mm和__________mm筛余百分率控制磨细石灰粉和消石灰粉的细度。

4. 游离水含量是指______________的含水量。

5. 根据《公路路面基层施工技术规范》（JTJ 034—2000）的要求，用做无机结合料的粉煤灰的技术指标有：活性氧化物SiO_2、Al_2O_3、Fe_2O_3含量、____________、____________、____________、____________等。

6. 粉煤灰烧失量是指______________________的质量。

7. 生石灰试样制备时应将生石灰样品打碎，使颗粒不大于________mm。

8. 生石灰试样制备时，将生石灰样品打碎拌和均匀后用四分法缩减至________g左右，放入瓷研钵中研细；再经四分法缩减几次至剩下________g左右；将研磨所得石灰样品，通过________mm（方孔筛）的筛；从此细样中均匀挑取________余克，置于称量瓶中在105℃烘干至恒质量，储于干燥器中，供试验用。

9. 在检验石灰有效 CaO 含量试验中，向石灰溶液中加入 2 ~ 3 滴酚酞指示剂，此时溶液呈________色。

10. 负压筛析仪主要由________mm 方孔筛、________mm 方孔筛、筛座、真空源和收尘器等组成。

二、选择题（请在下列选项中选择一个正确答案并填在括号内）

1. 石灰中的有效氧化钙含量，以能溶解于（　　）中，并能与（　　）作用生成（　　）的钙含量占石灰原试样的重量的百分率表示。

A. 氢氧化钠溶液，硫酸，氢氧化钙

B. 蔗糖溶液，硫酸，蔗糖钙

C. 氢氧化钠溶液，盐酸，氢氧化钙

D. 蔗糖溶液，盐酸，蔗糖钙

2. 在检验石灰有效 CaO 含量时，下列哪种试剂没有用到（　　）。

A. 酚酞指示剂　　　　B. 钙红指示剂

C. 盐酸标准溶液　　　　D. 0.1% 甲基橙水溶液

3. 在检验石灰有效 CaO 含量试验中，标定盐酸标准溶液浓度时，称取 0.8 ~ 1.0 g 已在 180℃烘干 2 h 的碳酸钠质量，其精度要求是（　　）。

A. 0.1　　B. 0.01　　C. 0.001　　D. 0.000 1

4. 在检验石灰有效 CaO 含量试验中，标定盐酸标准溶液浓度时，用盐酸标准溶液滴定加入甲基橙指示剂的碳酸钠溶液，溶液将由（　　）色变为（　　）色。

A. 黄，橙红　　B. 无，橙红　　C. 无，蓝　　D. 黄，蓝

5. 在检验石灰有效 CaO 含量试验中，标定盐酸标准溶液浓度时，用盐酸标准溶液滴定加入甲基橙指示剂的碳酸钠溶液后，将溶液加热至微沸，并保持微沸（　　）min，然后放在冷水中冷却至室温。

A. 1　　B. 2　　C. 3　　D. 4

6. 盐酸标准溶液的当量浓度计算式 $M = \frac{m}{V \times 0.053}$ 中，0.053 的意义是（　　）。

A. 与 1.00 mL 盐酸标准溶液［C（HCl）=1.000 mol/L］相当的以 mL 表示的无水碳酸钠的质量

B. 与 1.00 mL 盐酸标准溶液［C（HCl）=1.000 mol/L］相当的以 L 表示的无水碳酸钠的质量

C. 与 1.00 mL 盐酸标准溶液［C（HCl）=1.000 mol/L］相当的以 g 表示的无水碳酸钠的质量

D. 与 1.00 mL 盐酸标准溶液［C（HCl）=1.000 mol/L］相当的以 mg 表示的无水碳酸钠的质量

7. 在检验石灰有效 CaO 含量试验中，下列操作步骤正确的是（　　）。

①称取约 0.5 g 试样，记录为 m_1，放入干燥的 250 mL 具塞三角瓶中；

②投入干玻璃珠 15 粒；

③取 5 g 蔗糖覆盖在试样表面；

④加入新煮沸并已冷却的蒸馏水 50 mL；

⑤立即加塞振荡 15 min。

A. ①②③④⑤　　B. ①③②⑤④

C. ②①③④⑤　　D. ①③②④⑤

8. 在检验石灰有效 CaO 含量试验中，用已标定的约 0.5 N 盐酸标准溶液滴定至溶液的粉红色显著消失并在（　　）s 内不再复现即为终点。

A. 20　　B. 30　　C. 40　　D. 50

9. 粉煤灰细度负压筛试验的负压范围是（　　）Pa。

A. 1 000 ~ 3 000　　B. 3 000 ~ 5 000

C. 4 000 ~ 6 000　　D. 6 000 ~ 8 000

10. 粉煤灰细度负压筛试验中，过 0.075 mm 筛时取样（　　）g，过 0.3 mm 筛时取样（　　）g。

A. 10，100　　B. 15，100　　C. 15，30　　D. 5，10

三、判断题（判断正误并在括号内填√或×）

1. 氧化钙和氧化镁的含量越多，石灰的活性越高，质量也越好。（　　）
2. 细度与消石灰的活性有关，消石灰粉越细，石灰的活性越大。（　　）
3. 粉煤灰中的含碳量过多会影响其活性、但对混合料强度无明显影响。（　　）
4. 干粉煤灰可以应用于工程上，而湿粉煤灰不可以应用于工程上。（　　）
5. 石灰中的有效氧化钙是指在石灰中以各种形式存在的所有氧化钙。（　　）
6. 在检验石灰有效 CaO 含量时，配制盐酸标准溶液是将 42 mL 浓盐酸溶于 1 L 蒸馏水中。（　　）
7. 在检验石灰有效 CaO 含量时，按规定方法配制的盐酸标准溶液一定是 0.5 mol/L，无须标定。（　　）
8. 石灰中氧化钙和有效钙含量大于 50% 的允许重复性误差为 0.60。（　　）
9. 对于钙质Ⅰ级生石灰要求有效钙加氧化镁含量≥85%。（　　）
10. 石灰含水率的常用测定方法是烘干法、酒精法和比重法。（　　）

四、简答题

1. 简述石灰有效 CaO 试验中，标准盐酸溶液浓度的确定过程。

2. 简述石灰有效 CaO 试验中，石灰的滴定过程。

五、计算题

某石灰试样经标准盐酸溶液（0.5 mol/L）滴定以后的结果见表4—1，请计算石灰中的有效氧化钙含量（写出计算过程）。

表4—1

试验编号	石灰质量（g）	滴管中盐酸量		盐酸标准溶液消耗量 V_5（mL）	有效氧化钙含量 X（%）	平均有效氧化钙含量 $\overline{X}$（%）
		V_3（mL）	V_4（mL）			
1	0.534 5	0	35			
2	0.545 6	0	36			

任务三　评价无机结合料稳定材料的性能

一、填空题（请将正确答案填在空白处）

1．无机结合料稳定材料主要用做公路的________和________，它既与路面材料一起承受车辆的荷载作用，同时也受到温度、水等外部因素的作用。

2．无机结合料稳定材料配合比设计的核心任务，进行________试验，检验无机结合料稳定材料的强度是否满足要求。

3．为满足行车、气候和水文地质条件的要求，无机结合料稳定材料必须具备一定的________、________和________。

4．工程建设中无机结合料稳定材料强度标准的选定，应根据________、________的多少来确定。

5．无机结合料稳定材料干缩裂缝的产生与结合料的________、________及________有关。

6．除温度以外，温缩裂缝的产生还与结合料的________、________与成分以及________有关。

7．掺入一定数量的______可以降低温缩系数。

8．评价材料的水稳定性和抗冻稳定性，可采用______和________的方法。

9．施工现场无机结合稳定材料的水泥或石灰剂量测定用________法。

10．最佳含水率和最大干密度是用________试验得到的。

11．无机结合料稳定材料的压实质量用________表示。

12．对于水泥稳定材料，从加水拌和到碾压终了的时间不应超过________h，并应短于水泥的________。

13．无机结合料稳定材料无侧限抗压强度试验分做________、________和________三个阶段。

14．无机结合料稳定材料无侧限抗压强度试验在试件制备过程中可用的成型设备有________和________。

15．无侧限抗压强度一套试模由一个试筒及两个________组成。

16．无侧限抗压强度试验，试件制备过程中，向试模内装料时下垫块放入试模的下部，但外露______cm左右；将称量的规定数量的稳定材料混合料分______次灌入试模中，每次灌入后用夯棒轻轻均匀插实。

17．无侧限抗压强度试验试件成型过程中，如用水泥稳定有黏结性的材料（如黏质土）时，制件后可以______脱模；如用水泥稳定无黏结性细料土时，最好过______再脱模；对于中、粗粒土的无机结合料稳定材料，也最好______脱模。

18．无侧限抗压强度试验试件的标准养生的温度为______________，标准养生的湿度为____________。

19．根据试验材料的类型一般的工程经验，选择合适量程的测力计和压力机，试件破坏荷载应大于测力量程的________，且小于测力量程的________。

二、选择题（请在下列选项中选择一个正确答案并填在括号内）

1. 下列不是水泥混凝土路面基层材料作用的是（　　）。

A. 保证路面整体强度　　B. 重要支撑基础

C. 主要承重作用　　D. 延长路面使用寿命

2. 最佳含水量状态下，各种无机结合料稳定材料的干缩系数按由大到小排序为（　　）。

①石灰土 ②二灰砂砾 ③二灰土 ④石灰砂砾 ⑤水泥砂砾

A. ①②③④⑤　　B. ①④③②⑤

C. ②③④①⑤　　D. ③②⑤④①

3. 最佳含水量状态下，各种无机结合料稳定材料的温缩系数按由大到小排序为（　　）。

①石灰土 ②二灰砂砾 ③二灰土 ④石灰砂砾 ⑤水泥砂砾

A. ①④③⑤②　　B. ①②③④⑤

C. ②④⑤③①　　D. ②④③①⑤

4. 测定无机结合稳定材料中结合料剂量时，没有用到的试剂是（　　）。

A. 乙二胺四乙酸二钠　　B. 盐酸标准溶液

C. 氯化铵　　D. 氢氧化钠

5. 氢氧化钠溶液应储存于（　　）。

A. 玻璃瓶中　　B. 塑料瓶中

C. 金属容器中　　D. 以上均可

6. 测定无机结合稳定材料中结合料剂量，在绘制标准曲线时，至少应取（　　）个剂量。

A. 3　　B. 4

C. 5　　D. 6

7. 测定无机结合稳定材料中结合料剂量，取混合料溶解后的悬浮液（　　）mL。

A. 5　　B. 10

C. 15　　D. 20

8. 测定无机结合稳定材料中结合料剂量，在配制1.8%氢氧化钠溶液时，加入三乙醇胺的目的是（　　）。

A. 防止氢氧化钠腐蚀容器　　B. 控制试验时间

C. 使滴定效果明显　　D. 调解溶液酸碱度

9. 测定无机结合稳定材料中结合料剂量时，应使待测溶液的pH值在（　　）范围内。

A. 6.5 ~ 7.0　　B. 9.5 ~ 10

C. 12.5 ~ 13.0　　D. 13.5 ~ 14

10. 测定无机结合稳定材料中结合料剂量，用EDTA二钠滴定待测溶液时终点颜色为（　　）。

A. 玫瑰红色　　B. 紫色

C．纯蓝色　　D．无色

11．测定无机结合稳定材料中结合料剂量，选取有代表性的无机结合料稳定材料，对稳定中、粗粒土取试样约（　　）g，对稳定细粒土取试样约（　　）g。

A．2 000，500　　B．3 000，1 000

C．4 000，1 500　　D．5 000，2 000

12．无机结合稳定材料无侧限抗压强度试验中，没有用到的仪器是（　　）。

A．方孔筛　　B．脱模器

C．路面强度试验仪　　D．电动击实仪

13．无机结合稳定材料无侧限抗压强度试验中，应制备的试件数量为对于粗粒土至少应该制备（　　）个试件；对于无机结合料中料土至少应该制备（　　）个试件；细料土，至少应该制备（　　）个试件。

A．10，7，5　　B．13，9，6

C．12，8，6　　D．15，10，7

14．无机结合稳定材料无侧限抗压强度试验中，试件成型时的加压速度为（　　）mm/min。

A．0.5　　B．1

C．1.5　　D．2

15．无机结合稳定材料无侧限抗压强度试验中，试件脱模后应检查其（　　）。

A．高度和质量　　B．直径和质量

C．高度和直径　　D．体积和质量

三、判断题（判断正误并在括号内填√或×）

1．若面层系沥青路面，则无机结合料稳定层是主要的承重层，混合料的强度对路面的质量起着至关重要的作用。（　　）

2．石灰稳定土比水泥稳定土容易产生干缩裂缝。（　　）

3．含细粒土较多的无机结合料稳定土，常以干缩为主，故应加强初期养护。（　　）

4．石灰稳定土比水泥稳定土的温缩大，粗粒土比细粒土的温缩大。（　　）

5．早期养生良好的无机结合料稳定材料易于成型，早期强度高，可以减少裂缝的产生。（　　）

6．水泥砂砾的抗疲劳性能优于石灰粉煤灰的稳定材料。（　　）

7．无机结合稳定材料施工时，实际含水率宜略小于最佳含水率。（　　）

8．无机结合料稳定材料要进行保湿养生，当温度高时，物理化学反应、硬化、强度增长快。（　　）

9．石灰稳定土初期强度低，随着时间的逐渐增长越来越大。（　　）

10．无侧限抗压强度试验中石灰粉煤灰综合稳定材料可将石灰或粉煤灰和土一起拌和。（　　）

11．无侧限抗压强度试验中试件成型时间可根据试验条件自行掌握。（　　）

12．无侧限抗压强度试验中试件成型后，应将试件暴露于养生环境中进行养生。（　　）

四、简答题

1. 简述改善无机结合稳定材料裂缝的主要措施。

2. 简述影响无机结合稳定材料水稳定性和抗冻稳定性的主要因素。

3. 简述影响无机结合料稳定材料强度的因素。

4. 简述水泥或石灰剂量测定的原理。

五、计算题

某水泥稳定土进行无侧限抗压强度试验结果见表 4—2。

表 4—2

序　　号	1	2	3	4	5	6
应力环度数（mm）	1.23	1.28	1.27	1.24	1.22	1.26
试验的最大压力（N）						
无侧限抗压强度 R（MPa）						

已知：应力环系数为 $P=21.23\times$测力环读数-21.112（单位：kN）。试件采用小试件 $\phi50$ mm×50 mm。

无侧限抗压强度设计值为 2.0 MPa。

要求：（1）根据已知条件完成各试件抗压强度计算。

（2）根据计算结果判定强度是否满足要求。

模块五　沥青及沥青混合料

任务一　认识沥青混合料

一、填空题（请将正确答案填在空白处）

1. 沥青混合料按矿质集料的公称最大粒径分为________________、________________、________________、________________和________________。

2. 沥青混合料按矿料级配组成和空隙率大小分为______________、______________和________________。

3. 沥青混合料按施工温度分为__________________和__________________。

4. 密级配沥青混合料是指按____________原理设计组成的各种粒径颗粒的矿料与沥青结合料拌和而成，设计（剩余）空隙率较小的密实式沥青混合料。

5. 中粒式沥青混合料指公称最大粒径为________________或________________的沥青混合料。

6. 粗粒式沥青混合料指公称最大粒径为________________或________________的沥青混合料。

7. 石油沥青按用途分为________________和________________。

8. 石油沥青的三组分分析法是将石油沥青分离为______________、______________和______________三个组分。

9. 石油沥青的四组分分析法是将石油沥青分离为________________、________________、____________和____________四个组分。

10. 沥青路面用粗集料针片状颗粒含量试验采用____________。

11. 按胶体学说，石油沥青可分为三种结构，路用优质沥青属于__________结构。

12. 煤沥青的化学组分有________________、________________、________________和________________。

13. 按胶体学说，煤沥青化学组分中__________________和__________________是分散相，________________是分散介质，________________助于结构稳定。

二、选择题（请在下列选项中选择一个正确答案并填在括号内）

1. 密实式沥青混凝土混合料 AC 的设计空隙率为（　　）。

A. 3% ~4%　　B. 3% ~5%

C. 3% ~6%　　D. 3% ~7%

2. 沥青玛蹄脂碎石混合料 SMA 是（　　）。

A. 密级配沥青混合料　　B. 开级配沥青混合料
C. 半开级配沥青混合料　　D. 连续级配沥青混合料

3. 以下（　　）沥青混合料属于开级配沥青混合料。
A. AC　　B. SMA
C. AM　　D. OGFC

4. 以下（　　）沥青混合料属于半开级配沥青混合料。
A. AC　　B. SMA
C. AM　　D. OGFC

5. 特粗式沥青混合料是指公称最大粒径大于（　　）mm 的沥青混合料。
A. 16　　B. 19
C. 26.5　　D. 31.5

6. AC－20 中矿质集料的公称最大粒径为（　　）mm。
A. 16　　B. 19
C. 26.5　　D. 31.5

7. 针入度指数 PI＜－2 的沥青属于（　　）结构。
A. 溶胶型　　B. 溶凝胶型
C. 凝胶型　　D. 凝凝胶型

8. 沥青混合料马歇尔试验的主要目的是确定（　　）。
A. 矿粉用量　　B. 集料用量
C. 最佳沥青含量　　D. 矿料级配

9. 油石比是指沥青混合料中沥青质量占（　　）的百分比。
A. 粗集料质量　　B. 细集料质量
C. 矿料总质量　　D. 沥青混合料总质量

10. 以下（　　）不是乳化沥青的特点。
A. 可冷态施工　　B. 可在潮湿的环境下使用
C. 修筑路面成型期较长　　D. 稳定性好

三、判断题（判断正误并在括号内填√或×）

1. 沥青混合料按结合料分为连续级配沥青混合料和间断级配沥青混合料。（　　）

2. 沥青混合料按材料组成及结构分为石油沥青混合料和煤沥青混合料。（　　）

3. 沥青稳定碎石 ATB 的设计空隙率为 3%～6%。（　　）

4. 细粒式沥青混合料是指公称最大粒径小于 9.5 mm 的沥青混合料。（　　）

5. 沥青混合料用细集料的洁净程度，天然砂以小于 0.075 mm 含量的百分数表示，石屑和机制砂以砂当量或亚甲蓝值表示。（　　）

6. 微表处混合料是用适当级配的石屑或砂、填料与聚合物改性乳化沥青、外掺剂和水，按一定比例拌和而成的流动状态的沥青混合料，将其均匀地摊铺在路面上形成的沥青封层。（　　）

7. 沥青混合料中沥青含量通常采用油石比或沥青用量表示。（　　）

8. 煤沥青比石油沥青的气候稳定性要好。（　　）

9. 乳化沥青可以直接与湿集料拌和，可以在潮湿的基层上铺筑，具有足够的黏结力。 ( )

10. 乳化沥青的组成材料主要有沥青、乳化剂、稳定剂和水等。 ( )

11. SBR 类改性沥青最大特点是高温稳定性和低温抗裂性能均好。 ( )

12. 当沥青质含量多，树脂油质含量少时，沥青的胶体结构为凝胶结构。 ( )

13. 煤沥青的表面活性比石油沥青大。 ( )

14. 石油沥青中树脂含量增加，沥青的黏结力和塑性也增加。 ( )

15. 在石油沥青胶体结构中，以溶凝胶型沥青的高温稳定性为最好。 ( )

16. 乳化沥青混合料中，宜采用酸性矿质材料。 ( )

四、简答题

1. 什么是 SMA？有什么路用性能？

2. 简述煤沥青与石油沥青的差异。

3. 什么是开级配沥青混合料？试举例说明。

4. 简述沥青混合料的优缺点。

5. 简述沥青混合料用粗集料的技术要求。

6. 什么是乳化沥青？

7. 什么是道路液体石油沥青？其用途有哪些？

8. 简述沥青材料的分类。

9. 什么叫做沥青材料的化学组分?

10. 简述沥青三组分中各组分的特性。

11. 沥青中含蜡的危害有哪些?

12．石油沥青的胶体结构有哪三种类型？各有何特点？

13．酸性石料与石油沥青的黏附性怎样，该怎样处理？

14．简述沥青混合料用细集料的技术要求。

15. 简述 OGFC 的优缺点。

16. 什么是热拌沥青混合料?

17. 简述沥青混合料配合比设计的基本任务和目的。

18. 简述热拌沥青混合料的配合比设计步骤。

19. 简述马歇尔试验法确定沥青最佳含量的步骤。

20. 沥青混合料配合比设计检验包括哪些项目？

21．石油沥青胶体结构的胶团是如何构成的？

22．为什么煤沥青与岩石的黏附力较石油沥青的好？

任务二 评价石油沥青的性能

一、填空题（请将正确答案填在空白处）

1．沥青密度是指沥青试样在规定温度条件下____________。沥青的相对密度是指在同一温度条件下沥青质量与____________之比值。

2．道路黏稠石油沥青三大指标是________、________和________。他们分别表示沥青的________、________和________。

3．石油沥青的温度稳定性分为________和________。

4．我国现行使用的黏稠沥青技术标准中，________是划分沥青技术等级的主要指标，以________为单位，测试仪器的名称叫做________，测试条件为________、________和________。

5．我国现行的测定沥青软化点的试验法为________。

6. 沥青混合料的矿料最大粒径≤13.2 mm 者采用________________来评价沥青的黏附性。

7. 交通小、公路等级低的路段可选用稠度略________的沥青。

8. 当软化点在 80℃以下时，采用________作为加热介质，当软化点在 80℃以上时，应采用________作为加热介质。

9. 在延度试验中，如发现沥青细丝浮于水面或沉入槽底时，则应在水中加入________或________，调整水的密度至与试样相近后，重新试验。

二、选择题（请在下列选项中选择一个正确答案并填在括号内）

1. 沥青的密度与相对密度利用（　　）法测定。

A. 比重瓶　　B. 李氏瓶

C. 容量瓶　　D. 烧杯

2. 软化点试验规定的加热速度为（　　）℃/min。

A. 5　　B. 10

C. 15　　D. 20

3. 沥青混合料的矿料最大粒径 >13.2 mm 者采用（　　）来评价沥青的黏附性。

A. 水洗法　　B. 烘干法

C. 水浸法　　D. 水煮法

4. 沥青旋转薄膜加热试验中试样在 163℃温度下受热的时间（　　）min。

A. 不少于 65　　B. 不少于 85

C. 不少于 75　　D. 等于 85

5. 沥青试验中所用隔离剂是以甘油与滑石粉按（　　）的质量比混合而成。

A. 1∶1　　B. 2∶1

C. 1∶2　　D. 3∶1

6. 沥青针入度试样制备完成后，盛有试样的小盛样皿在 15～30℃室温中冷却不少于（　　）h 以备针入度试验使用。

A. 1.0　　B. 1.5

C. 2.0　　D. 2.5

7. 延度试件制备完成后，应在室温中冷却不少于（　　）h 以备试验使用。

A. 1.0　　B. 1.5

C. 2.0　　D. 2.5

8. 制备好的软化点试样在室温冷却（　　）后，用热刮刀刮除环面上的试样备用。

A. 30 min　　B. 1 h

C. 1.5 h　　D. 2.0 h

9. 针入度测定时各测试点之间及与盛样皿边缘的距离（　　）。

A. 无具体要求　　B. 不应少于 5 mm

C. 不应少于 15 mm　　D. 不应少于 10 mm

10. 采用水作为加热介质时，软化点试验的起始温度为（　　）℃。

A. 5　　B. 10

C. 60　　D. 80

三、判断题（判断正误并在括号内填√或×）

1. 黏稠石油沥青针入度越大，软化点越高，延度越大。（　）

2. 针入度指数的大小表征沥青的感温性和胶体结构类型。（　）

3. 沥青随着暴露在大气中的时间延长产生化学组分转化，使其黏附性增加，软化点升高，脆性增大。（　）

4. 沥青材料针入度越大，则黏结性越好。（　）

5. 沥青材料延度越大，则塑性越小。（　）

6. 针入度值越大，表示沥青越软（稠度越小）。（　）

7. 一般来说，延度大的沥青含蜡量低，黏结性和耐久性都好；反之，含蜡量大，延度小，黏结性和耐久性也差。（　）

8. 软化点实质上反映的是沥青的绝对条件黏度。（　）

9. 通过黏温曲线可以确定普通沥青混合料的施工温度。（　）

10. 一般来说，针入度温度敏感性系数 A 值大，表示沥青对温度的变化比较敏感，其性能则不好。（　）

11. PI 值越大，表示沥青的温度敏感性越强。（　）

12. 沥青薄膜试验后试样的质量损失越小，针入度比越大，残留物软化点增值越小，表明沥青的抗老化性能越差。（　）

13. 闪点是指沥青加热时产生的可燃气体和空气组成的混合气体与火接触发生闪光的沥青温度。（　）

四、简答题

1. 何为沥青的黏滞性？应怎样表示？

2．石油沥青有哪些技术性质？

3．黏稠沥青三大指标的单位如何表示？

4．沥青的温度稳定性用何指标评定？在工程中对温度稳定性如何考虑？

5. 何谓沥青“老化”，说明“老化”对沥青的影响？

6. 对沥青“老化”的评价方法都有哪些？

7. 表征黏稠石油沥青的黏滞性指标是什么？其常用试验条件是什么？

8. 何为沥青的塑性？应怎样表示？

9. 沥青的塑性如何测定？试验条件都有哪些？

10. 何为软化点？表征了沥青的哪方面性能？

11. 简述沥青延度试验的操作方法。

12. 试分析雨季沥青路面经常出现松散、坑洞的原因。

13. 水煮法是如何评价沥青的黏附性的?

14. 如何用水浸法评价沥青的黏附性？沥青混合料中采用酸性石料会怎样？

15. 如何用“薄膜加热试验”来评价沥青的耐老化性能？

16. “旋转薄膜加热试验”与“薄膜加热试验”相比有何优点？

17. 考虑环境温度的影响，不同地区应如何选择沥青的等级？

18. 简述沥青针入度试验的操作方法。

19. 简述沥青软化点试验的操作方法。

任务三　评价热拌沥青混合料的性能

一、填空题（请将正确答案填在空白处）

1. 沥青混合料是一种复合材料，它是由____________、____________、____________、____________以及____________所组成。

2. 按照沥青混合料的矿料级配组成特点，将沥青混合料分为__________和__________。

3. ____________结构的沥青混合料是由间断型密级配矿质混合料与沥青组成的。

4. 劈裂试验是目前路面工程中常用的间接评价沥青混合料____________等指标的方法。

5. 评价沥青与集料的黏附性的试验方法有____________和____________。

6. 沥青混合料标准马歇尔试件的直径要求为____________。

7. 马歇尔试验时，将混合料装入试模后用插刀或大旋具沿周边插捣______次，中间捣______次。

二、选择题（请在下列选项中选择一个正确答案并填在括号内）

1. 以下（　　）沥青混合料属于悬浮—密实结构。

A. AC－Ⅰ型　　B. SMA　　C. OGFC　　D. ATPB

2. 制备一个标准马歇尔试件，大约需要称取（　　）g 热拌沥青混合料。

A. 1 000　　B. 1 200　　C. 1 500　　D. 2 000

3. 沥青混合料标准马歇尔试件的高度要求为（　　）。

A. 63.5 mm ±1.3 mm　　B. 65.5 mm ±1.5 mm

C. 95.3 mm ±1.3 mm　　D. 95.3 mm ±2.5 mm

4. 沥青混合料稳定度的试验温度是（　　）℃。

A. 50　　B. 60　　C. 70　　D. 80

5. 以下（　　）可以提高沥青路面的抗滑性能。

A. 采用光滑的卵石　　B. 采用抗剥落剂和酸性石料

C. 采用针片状颗粒含量高的集料　　D. 采用含蜡量高的沥青

6. 用于高速公路和一级公路的密级配沥青混凝土，制作马歇尔试件时两面应各击（　　）次。

A. 25　　B. 50　　C. 75　　D. 125

7. 进行沥青混合料马歇尔试验时，当集料的公称最大粒径小于或等于 26.5 mm 时，采用标准击实法，一组试件的数量不少于（　　）个。

A. 一　　B. 二　　C. 三　　D. 四

8. 马歇尔试件拌和成型前应将各种规格的矿料置于（　　）℃的烘箱中烘干至恒重备用。

A. 105 ±5　　B. 100 ±5　　C. 135 ±5　　D. 95 ±5

9. 进行马歇尔试件成型时沥青混合料拌和的标准的总拌和时间为（　　）min。

A. 1　　B. 2　　C. 3　　D. 5

三、判断题（判断正误并在括号内填√或×）

1. 悬浮—密实结构的沥青混合料是由连续型密级配矿质混合料与沥青组成的。（　　）

2. 骨架—空隙结构的沥青混合料是由连续型密级配矿质混合料与沥青组成的。（　　）

3. 将沥青混合料制备成规定尺寸的圆柱状试件进行马歇尔稳定度试验时，将试件竖向置于两个半圆形压头中。（　　）

4. 弯曲蠕变速率越大，说明沥青混合料在低温下的变形能力越大，松弛能力越强，低温抗裂性能越好。（　　）

5. 把沥青混合料在使用过程中发生的老化称为长期老化。（　　）

6. 马歇尔试验前将烘干分级的粗、细集料、矿粉按每个试件设计级配要求称其质量，在一金属盘中混合均匀，放入烘箱中预热。（　　）

7. 当一组稳定度测定值中某个测定值与平均值之差大于标准差的 k 倍时，该测定值应予舍弃，并以其余测定值的平均值作为试验结果。（　　）

8. 马歇尔稳定度试验时的温度越高，则稳定度越大，流值越小。（　　）

9. 在相同沥青用量情况下，矿料表面积越大，形成的沥青膜越薄，结构沥青所占比例越小，沥青混合料的黏结力越低。（　　）

10. 道路石油沥青，用酸性矿料比碱性矿料要好。（　　）

四、简答题

1. 什么是热拌沥青混合料？

2. 悬浮—密实结构的沥青混合料的特点是怎样的？

3. 简述骨架空隙结构的沥青混合料的特点。

4. 简述骨架密实结构的沥青混合料的特点，并举例说明。

5. 简述沥青混合料结构强度的影响因素。

6. 沥青混合料的技术性质有哪些？

7. 试述沥青混凝土混合料的强度理论。

8. 什么叫结构沥青？什么叫自由沥青？

9. 何为沥青混合料的高温稳定性，评价方法有哪些？

10. 马歇尔试验的目的是什么？主要测定什么指标？各指标表征什么？

11. 怎样提高沥青混合料的高温稳定性?

12. 何为沥青混合料的低温抗裂性，其评价方法有哪些?

13. 车辙试验如何评价沥青混合料性能的?

14. 低温弯曲试验如何评价沥青混合料性能的？

15. 弯曲蠕变试验的目的是什么？主要测定什么指标？

16. 怎样提高沥青混合料的低温抗裂性？

17．何谓沥青混合料的耐久性，提高措施有哪些？

18．何为沥青混合料的短期老化？

19．何为浸水马歇尔试验？主要测定什么指标？表征什么？

20. 何为冻融劈裂试验？主要测定什么指标？表征什么？

21. 简述影响沥青混合料施工和易性的因素。

22. 如何检验标准马歇尔试件的高度是否符合条件？

23．简述马歇尔稳定度试验的步骤。

五、计算题

对某沥青路面下面层用沥青混合料进行了马歇尔试验，油石比为4.0%时测得的稳定度MS分别为：8.47 kN、8.340 kN、8.61 kN、9.34 kN，流值FL分别为2.7 mm、2.8 mm、2.3 mm、2.7 mm，试计算沥青混合料的马歇尔模数。

模块六　其他筑路材料

任务一　认识建筑钢材

一、填空题（请将正确答案填在空白处）

1. 钢材中低碳钢的含碳量一般≤__________%。

2. 钢材按用途的不同分为________________、________________、________________三类。

3. 碳素钢中所含主要有害杂质为____________、____________。

4. 钢材按成型方法分类可分为__________、__________、轧压钢、冷拔钢。

5. 低碳钢在外力作用下的拉伸变形一般可分为__________、__________、__________和__________四个阶段。

6. __________反映钢材的刚度，即抵抗弹性变形的能力，是钢材在受力条件下计算结构变形的重要指标。

7. 在工程应用中，钢材的塑性指标有__________和__________两个。

8. 试件拉断后，试件横截面积的最大缩减量与原始横截面积之比的百分率称为__________。

9. 钢材抵抗瞬间冲击荷载而不破坏的能力称为__________。

10. 随温度下降，钢材的冲击韧性显著下降而表现出脆性的现象称为钢材的________。

11. __________是指钢材在常温条件下承受规定弯曲程度的弯曲变形的能力，是钢材的重要工艺性能。

12. 钢材在交变荷载反复作用下，在远小于其抗拉强度时发生突然破坏，此现象称为____________________。

13. ________________表示钢材表面局部体积抵抗变形或破坏的能力，反映钢材的软硬程度。

14. 热轧钢筋按外形分为__________钢筋和__________钢筋两种。

15. 按照国家标准《钢筋混凝土用钢　热轧带肋钢筋》（GB 1499. 2—2007）的规定，热轧带肋钢筋按力学性能划分为__________、__________、__________三个牌号。

16. 按照国家标准《预应力混凝土用钢丝》（GB /T 5223—2002）的规定，高强钢丝可分为__________和__________两种。

二、选择题（请在下列选项中选择一个正确答案并填在括号内）

1. 下列图片中（　　）是角钢。

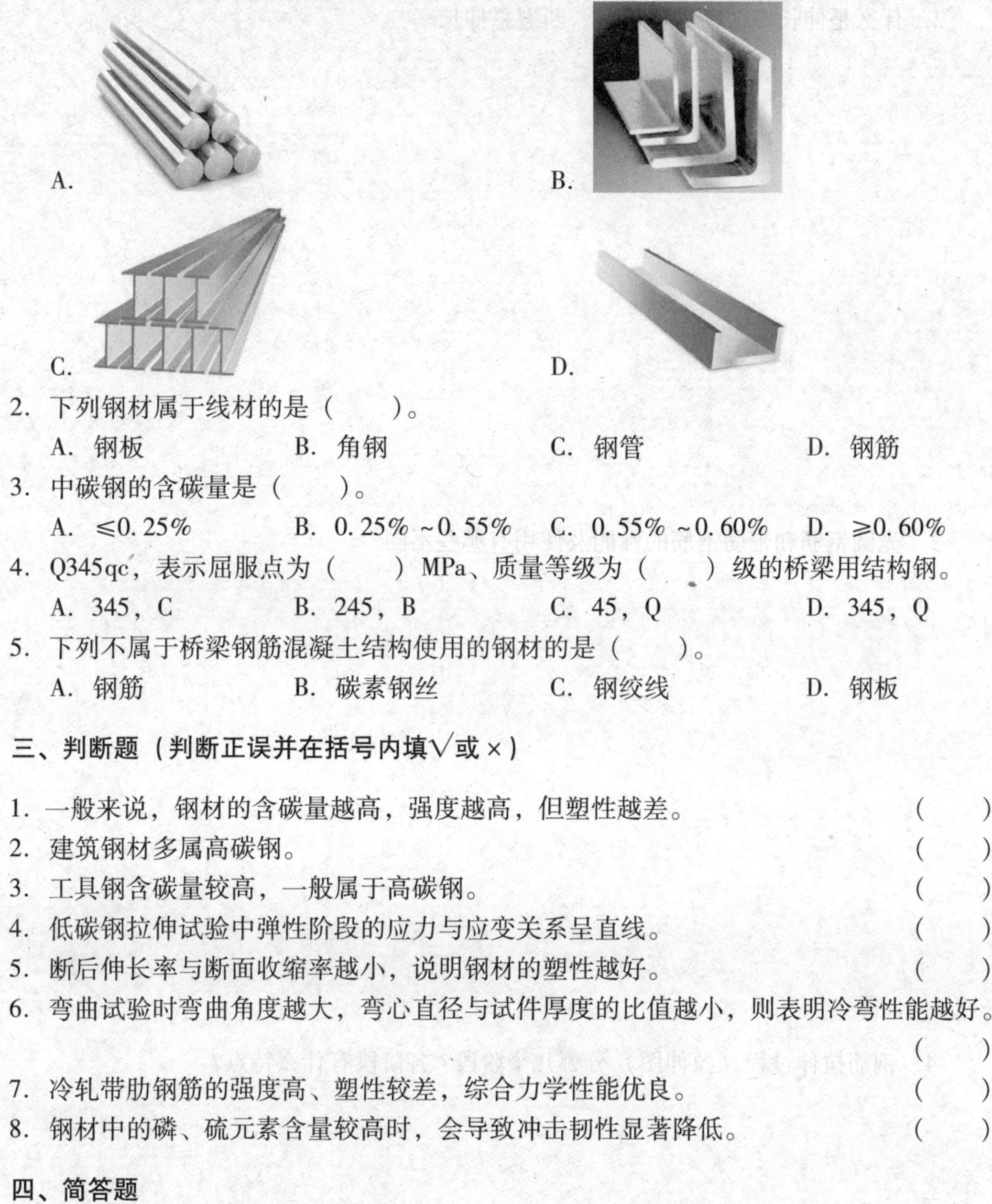

A. B.

C. D.

2. 下列钢材属于线材的是（　　）。

A. 钢板　　B. 角钢　　C. 钢管　　D. 钢筋

3. 中碳钢的含碳量是（　　）。

A. ≤0.25%　　B. 0.25%～0.55%　　C. 0.55%～0.60%　　D. ≥0.60%

4. Q345qc，表示屈服点为（　　）MPa、质量等级为（　　）级的桥梁用结构钢。

A. 345，C　　B. 245，B　　C. 45，Q　　D. 345，Q

5. 下列不属于桥梁钢筋混凝土结构使用的钢材的是（　　）。

A. 钢筋　　B. 碳素钢丝　　C. 钢绞线　　D. 钢板

三、判断题（判断正误并在括号内填√或×）

1. 一般来说，钢材的含碳量越高，强度越高，但塑性越差。（　　）
2. 建筑钢材多属高碳钢。（　　）
3. 工具钢含碳量较高，一般属于高碳钢。（　　）
4. 低碳钢拉伸试验中弹性阶段的应力与应变关系呈直线。（　　）
5. 断后伸长率与断面收缩率越小，说明钢材的塑性越好。（　　）
6. 弯曲试验时弯曲角度越大，弯心直径与试件厚度的比值越小，则表明冷弯性能越好。（　　）
7. 冷轧带肋钢筋的强度高、塑性较差，综合力学性能优良。（　　）
8. 钢材中的磷、硫元素含量较高时，会导致冲击韧性显著降低。（　　）

四、简答题

1. 建筑钢材的常用性能指标有哪些？

2. 什么是伸长率、断后伸长率、断裂总伸长率？

3. 光圆钢筋和带肋钢筋的性能及使用有哪些不同？

4. 钢筋拉伸过程（拉伸图）分哪几个阶段？各阶段有什么特点？

任务二　认识建筑砂浆

一、填空题（请将正确答案填在空白处）

1. M15 以上强度等级的砌筑砂浆宜采用________级通用硅酸盐水泥。

2. 新拌砂浆的和易性可以根据其________和________来综合评定。

3. 砂浆的流动性用________测定。

4. ____________就是吸水处理后砂浆中保留的水的质量，并用原始水量的质量百分数来表示。

5. 砌筑砂浆配合比设计包括__________、__________和__________三个阶段。

6. 根据抹面砂浆功能的不同，一般可将抹面砂浆分为__________和__________等。

7. 面层砂浆主要起__________作用，一般要求用较细的砂，且易于涂抹平整。

8. 以薄层涂抹于建筑物或构筑物表面的砂浆称为__________。

9. 建筑砂浆和混凝土在组成上的差别仅在于__________。

二、选择题（请在下列选项中选择一个正确答案并填在括号内）

1. 烧结普通砖砌体、粉煤灰砖砌体所有的砌筑砂浆稠度一般是（　　）mm。

A. 50 ~ 70　　B. 60 ~ 80　　C. 70 ~ 90　　D. 30 ~ 50

2. 水泥砂浆的保水率一般要求≥（　　）。

A. 80%　　B. 84%　　C. 85%　　D. 88%

3. 砂浆强度等级是以边长为（　　）mm 的三个立方体试块，按规定方法成型并养护至 28 天后测定的抗压强度平均值（MPa）来表示的。

A. 40　　B. 60　　C. 70.7　　D. 105

4. 下列代表了（　　）砂浆的强度。

A. M15　　B. Q20　　C. C45　　D. F25

5. 砌筑砂浆的流动性指标用（　　）表示。

A. 坍落度　　B. 维勃稠度

C. 沉入度　　D. 分层度

6. 抹面砂浆的配合比一般用（　　）来表示。

A. 质量　　B. 体积

C. 质量比　　D. 体积比

7. 砌筑砂浆的抗冻性试验要求质量损失率≤（　　），强度损失率≤（　　）。

A. 10%，30%　　B. 5%，30%

C. 10%，25%　　D. 5%，25%

8. 砌筑砂浆不需要测定（　　）。

A. 抗压强度　　B. 稠度

C. 坍落度　　D. 保水率

9. 建筑砂浆常以（　　）作为砂浆的最主要的技术性能指标。

A. 抗压强度　　　　B. 黏结强度

C. 抗拉强度　　　　D. 耐久性

三、判断题（判断正误并在括号内填√或×）

1. 保水性不好的砂浆，其塑性差，储运过程中水分容易离析。（　　）
2. 砂浆保水性用保水率（%）表示。（　　）
3. 通常砂浆强度越高则黏结力越小。（　　）
4. 防水砂浆是一种具有高抗渗性能的砂浆，可用于隧道和地下工程。（　　）
5. 用普通水泥砂浆多层抹面作为防水层时，要求水泥强度不低于 42.5 级，砂宜采用中砂或粗砂。（　　）
6. 为了改善砂浆的保水性，可掺入石灰膏、粉煤灰等。（　　）

四、简答题

1. 建筑砂浆对其原材料的一般要求有哪些?

2. 什么是砂浆的流动性？它有哪些影响因素?

3．什么是砂浆的保水性，保水性不好的砂浆有哪些表现？

4．简述砂浆保水率的测定过程。

任务三　认识土工合成材料

一、填空题（请将正确答案填在空白处）

1．土工合成材料一般分为____________、____________、______________和____________四大类。

2．土工织物与布的形状相似，又称________。土工织物的成分是________。

3．目前测定土工合成材料的单位面积质量通常采用________，单位采用________。

4．________是指整幅样品经调湿除去张力后与长度方向垂直的整幅宽度。

5．土工合成材料孔径从概念上来分包括________和________两种。

6. 土工合成材料的孔径反映其__________和__________的能力，它是一个重要的特征指标。

7. 当量孔径是用于表示网格型（如土工网、土工格栅）土工合成材料孔隙大小的指标，是将某种形状的网孔换算为____________。

8. 测定土工合成材料孔径的方法分为直接法和间接法两种。直接法包括__________和__________。

9. 测定土工合成材料的拉伸强度基本上采用__________测定。

10. __________________是指土工合成材料试样在撕裂过程中抵抗扩大破损裂口的最大拉力。

11. 土工合成材料的撕破强力采用____________测定。

12. ____________是指以圆球或 CBR 仪的圆柱形顶杆匀速垂直顶压土工合成材料平面时，土工合成材料所能承受的最大顶压力。

13. 穿透孔径的测定采用____________。

14. 土工合成材料的渗透特性用其____________和____________来评价。

15. 土质边坡防护可采用______________、______________、______________三种护坡方式。

二、选择题（请在下列选项中选择一个正确答案并填在括号内）

1. 下列土工合成材料中，（　　）是土工格栅。

A.

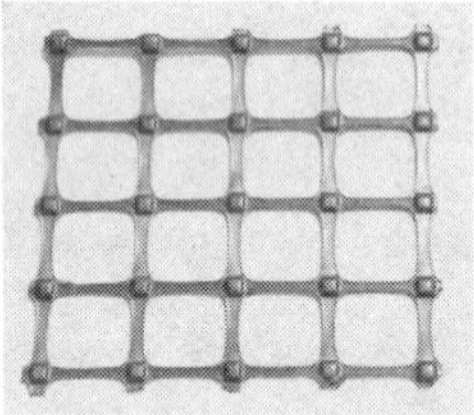

B.

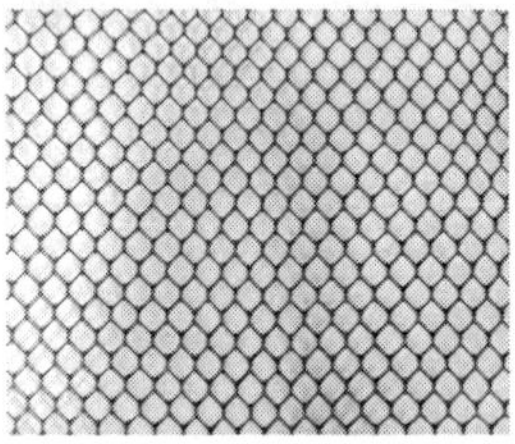

C.

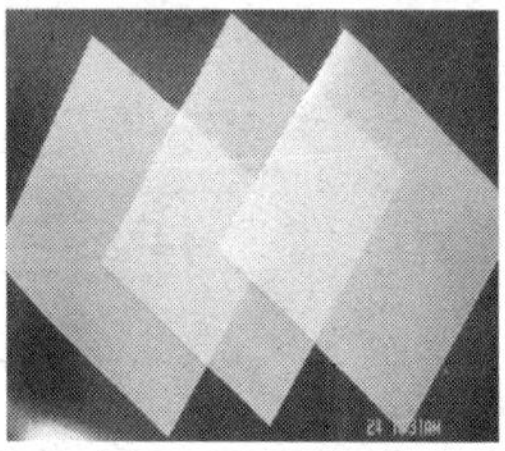

D.

2. 穿透孔径是指规定尺寸的落锥在土工合成材料上方（　　）mm 高度处自由落下时，穿透土工合成材料的孔洞直径。

A. 300　　B. 400　　C. 500　　D. 800

3. 用土工合成材料进行土质边坡防护的边坡坡度宜在（　　）之间。

A. 1∶1.0～1∶ 2.0　　B. 1∶0.5～1∶2.0

C. 1∶1.0～1∶2.5　　D. 1∶1.0～1∶3.0

三、判断题（判断正误并在括号内填√或×）

1. 单位面积质量是土工合成材料物理性能指标之一，反映产品的原材料用量以及生产的均匀性和质量的稳定性。（ ）

2. 有效孔径是指能有效通过土工织物的近似最大颗粒直径。（ ）

3. 干筛法适用于测定无纺织物的有效孔径，同样适用于孔径较小的有纺织物。（ ）

4. 对于结构较稀疏的有纺织物和孔径较小的土工格栅则较适合于用间接法测定。（ ）

5. 土工合成材料的刺破强力采用刺破强力试验测定，刺破强力与顶破强力的试验方法基本相同。（ ）

6. 土工织物可以让水和空气自由地通过，并能有效地截留和控制土颗粒的流失。（ ）

7. 无纺织物的孔隙率随其所承受的压力改变而改变。在一般承压情况下，无纺织物的孔隙率在80%以上。（ ）

8. 当土工合成材料单纯用于加筋目的时，宜选择强度高、变形大、糙度大的土工格栅。（ ）

9. 台背路基填土采用土工合成材料加筋的目的是为了减少路基与构造物之间的不均匀沉降。（ ）

10. 裸露式防护方法不适用于临时性工程边坡的防护或永久性工程边坡的临时防护。（ ）

11. 土工织物软体沉排一般适用于水下工程及预计可能发生冲刷的路基坡面。（ ）

四、简答题

1. 什么是土工合成材料?

2．土工合成材料的技术性质有哪些？

3．土工合成材料在公路工程中有哪些应用？

综合试卷一

一、填空题（请将正确答案填在空白处，每空 1 分，共 20 分）

1. 土的固相是土中最主要的组成部分，它由各种________及________组成。

2. 稠度是指__________。

3. 影响土的击实因素有__________、__________、__________。

4. ______________________是指集料颗粒尺寸的大小，以集料所通过标准筛的筛孔尺寸来表示。

5. 集料的颗粒体积由____________、____________和____________组成。

6. 粗度是评价细集料粗细程度的一种指标。通常用__________表示。

7. 水泥混凝土用碎石的针片状颗粒含量采用__________法。沥青混合料用粗集料针片状颗粒含量的测定方法采用__________法。

8. 若水泥混凝土混合料坍落度过大，可以保持_____________________不变，适当增加__________________的用量。

9. 水泥胶砂试件的成型要分__________层振实。

10. 水泥混凝土拌和物的工作性用____________表示。

11. 沥青混合料按矿料级配组成和空隙率大小分为______________、______________和________________。

二、选择题（请在下列选项中选择一个正确答案并填在括号内，每题 2 分，共 20 分）

1. 土的液塑限试验，建立的 h—w 曲线的坐标形式是（　　）。
   A. 常数坐标　　B. 半对数坐标
   C. 双对数坐标　　D. 以上均可

2. 室内击实试验对于同一种土，可配置成（　　）种不同含水率的试样。
   A. 4　　B. 5　　C. 6　　D. 7

3. 在沥青混合料中，细集料是指粒径小于（　　）mm 的天然砂、人工砂及石屑。
   A. 1.18　　B. 2.36　　C. 4.75　　D. 9.5

4. 中砂的细度模数范围是（　　）。
   A. 4.0 ~ 3.8　　B. 3.7 ~ 3.1
   C. 3.0 ~ 2.3　　D. 2.2 ~ 1.6

5. 高速行驶的车辆对路面抗滑性提出了较高的要求，（　　）越高，抗滑性越好。
   A. 压碎值　　B. 磨光值
   C. 磨耗值　　D. 冲击值

6. 以下（　　）不是水泥混凝土配合比设计的三参数。

A. 水胶比　　B. 单位用水量
C. 砂率　　D. 单位水泥用量

7. 标准稠度用水量测定时水泥净浆试模应（　　）放置在玻璃板上。
A. 小口向上　　B. 大口向上
C. 方向无限制地　　D. 横向

8. 混凝土抗压强度标准试件的尺寸为（　　）。
A. 50 mm×50 mm×50 mm
B. 100 mm×100 mm×100 mm
C. 150 mm×150 mm×150 mm
D. 200 mm×200 mm×200 mm

9. 无机结合稳定细粒土当偏差系数为10%～15%，最少的试件数量应为（　　）。
A. 3　　B. 6　　C. 9　　D. 13

10. 无机结合稳定材料无侧限抗压强度试验中，没有用到的仪器是（　　）。
A. 方孔筛　　B. 脱模器
C. 路面强度试验仪　　D. 电动击实仪

三、判断题（判断正误并在括号内填√或×，每题1分，共20分）

1. 有机土可作为堤坝工程的填筑土料，不会影响工程的质量。（　　）
2. 塑态土在硬塑态时有较差的力学性质，在软塑状态下的黏质土力学性质较好。（　　）
3. 实际工程中，土在小于最佳含水率的情况下，通过增加压实功的办法不能够达到较高的干密度。（　　）
4. 矿质混合料是由多种粒径的颗粒组成的混合料，在某种混合料中，各级颗粒的质量占总质量的百分率称为级配。（　　）
5. 细度模数越大，表示细集料越粗。（　　）
6. 粗集料的冲击值越小，表示其抗冲击荷载的能力越强。（　　）
7. 水泥混凝土混合物坍落度越大，表示混合料的流动性越大。（　　）
8. 水泥强度等级中的R代表该水泥为早强型水泥。（　　）
9. 筛析法分为负压筛法和水筛法两种，当结果有争议时以负压筛试验结果为准。（　　）
10. 测混凝土坍落度装筒时，用捣棒在每一层的横截面上均匀插捣25次。（　　）
11. 进行普通混凝土立方体抗压强度测定时，其受压面应平行于成型抹平面。（　　）
12. 石灰稳定材料可用于高速公路和一级公路的基层。（　　）
13. 氧化钙和氧化镁的含量越多，石灰的活性越高，质量也越好。（　　）
14. 石灰稳定土比水泥稳定土容易产生干缩裂缝。（　　）
15. 沥青混合料按结合料分为连续级配沥青混合料和间断级配沥青混合料。（　　）
16. 沥青混合料按材料组成及结构分为石油沥青混合料和煤沥青混合料。（　　）
17. 黏稠石油沥青针入度越大，软化点越高，延度越大。（　　）

18. 针入度指数的大小表征沥青的感温性和胶体结构类型。 ( )

19. 悬浮—密实结构的沥青混合料是由连续型密级配矿质混合料与沥青组成的。 ( )

20. 马歇尔稳定度试验时的温度越高，则稳定度越大，流值越小。 ( )

四、简答题（每题5分，共25分）

1. 简述工程土的一般分类原则。

2. 简述粗集料压碎值试验的基本步骤。

3. 什么是水泥混凝土？水泥混凝土的原材料都有哪些？

4. 影响新拌水泥混凝土工作性的主要因素都有什么？

5. 简述沥青混合料的优缺点。

五、计算题（第 1 题 10 分，第 2 题 5 分，共 15 分）

1．颗粒分析试验中，已知颗粒分析结果如下表所列：

孔径（mm）	40	20	10	5	2	1	0.5	0.25	0.075	筛底
存留量（g）	0	400	650	820	699	250	410	201	110	53

请根据以上数据绘制曲线确定不均匀系数 C_u、曲率系数 C_c，并判断该土样的级配情况。

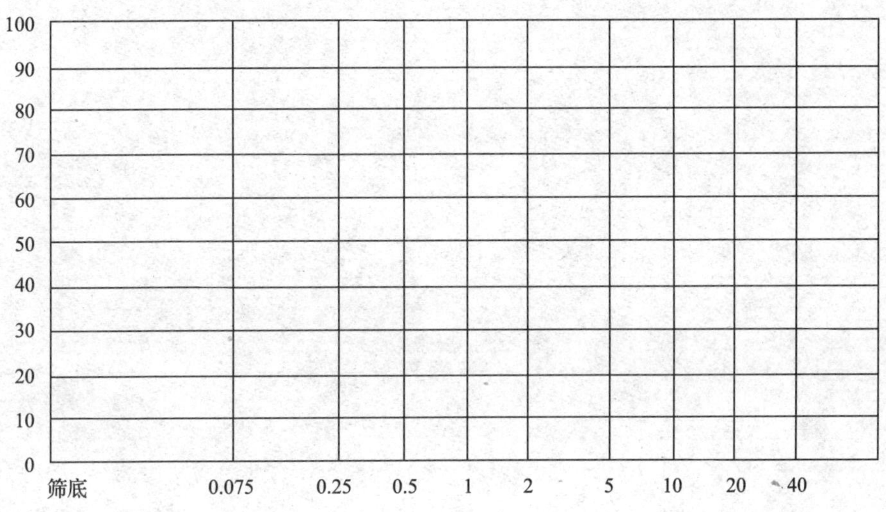

2. 今有一组普通水泥混凝土试件（150 mm × 150 mm × 150 mm）测得 28 天的破坏荷载分别为 632 kN、785 kN、672 kN，试确定其强度。

综合试卷二

一、填空题（请将正确答案填在空白处，每空1分，共20分）

1. 土体三相比例不同，土的状态和工程性质也随之各异，当土由固相和气相组成时，称为____________；当土由固相、液相和气相，称为____________；当土由固相和液相，称为____________。

2. 压实度是指土质筑路材料__________干密度与__________干密度的百分比。

3. 级配常用的参数有__________、__________和__________。

4. __________是指按规定的方法测得的石料抵抗磨耗作用的能力，反映了石料抵抗撞击、剪切和摩擦等综合作用的性能，以__________表示。

5. 水泥混凝土配合比设计的步骤是____________、____________、____________和施工配合比。

6. 将水泥净浆装满雷氏夹并抹平盖上玻璃板后，应将雷氏夹移至湿气养护箱内养护____________。

7. 道路黏稠石油沥青三大指标是____________、____________和____________。

8. ____________结构的沥青混合料是由间断型密级配矿质混合料与沥青组成的。

9. 沥青混合料标准马歇尔试件的直径要求为__________。

10. 测定土工合成材料的拉伸强度基本上采用__________测定。

二、选择题（请在下列选项中选择一个正确答案并填在括号内，每题2分，共20分）

1. 对某砂质土进行颗粒分析试验，已知小于0.075 mm的百分含量不超过10%，则最适合该土样的分析方法为（　　）。

A. 干筛法　　B. 湿筛法

C. 沉降分析法　　D. 组合筛分法

2. 重型击实采用小试筒时，土分（　　）层装入试筒，每层击实（　　）次。

A. 3，98　　B. 3，27　　C. 5，98　　D. 5，27

3. 目前矿质混合料配合比设计普遍采用（　　）。

A. 图解法　　B. 表格法

C. 对比法　　D. 试算法

4. 测定细集料的含泥量时，应将试样置于洁净容器中注入洁净水搅拌、浸泡、淘洗，过（　、　）套筛；重复水洗、过筛过程，直至容器中洗出的水清澈为止。

A. 1.18 mm、0.075 mm　　B. 2.36 mm、0.075 mm

C. 1.18 mm、0.15 mm　　D. 4.75 mm、2.36 mm

5. 在其他材料均相同的情况下，以下（　　）配制的新拌混凝土具有较好的流动性。

A. 针状碎石　　B. 立方体碎石

C. 卵石　　D. 片状碎石

6. 雷氏夹在使用前检查两根指针的针尖距离，如果距离增加在（　　）范围以内，当去掉砝码后针尖的距离应能恢复至挂砝码前的状态。

A. 17.5 mm ±2.5 mm　　B. 20.5 mm ±2.5 mm

C. 19.5 mm ±2.5 mm　　D. 16.5 mm ±2.5 mm

7. 测定无机结合稳定材料中结合料剂量，用 EDTA 二钠滴定待测溶液时终点颜色为（　　）。

A. 玫瑰红色　　B. 紫色

C. 纯蓝色　　D. 无色

8. 以下（　　）沥青混合料属于半开级配沥青混合料。

A. AC　　B. SMA

C. AM　　D. OGFC

9. 沥青混合料马歇尔试验的主要目的是确定（　　）。

A. 矿粉用量　　B. 集料用量

C. 最佳沥青含量　　D. 矿料级配

10. 用于高速公路和一级公路的密级配沥青混凝土，制作马歇尔试件时两面应各击（　　）次。

A. 25　　B. 50　　C. 75　　D. 125

三、判断题（判断正误并在括号内填√或×，每题 1 分，共 20 分）

1. 含有机质土不能用酒精燃烧法测定其含水率。（　　）

2. 土的级配系数反映了大小不同粒组的分布情况。（　　）

3. 细粒土的分类是按塑性图分类的。（　　）

4. CBR 值是指试料贯入量为 2.5 mm 或 5.0 mm 时的单位压力。（　　）

5. 砂当量值越小，表明在小于 0.075 mm 部分所含的矿粉和细砂比例越高，细集料越洁净。（　　）

6. 同一个采石场生产的同一类集料，可以在一起筛分进行洛杉矶试验。不同采石场生产的集料，必须分别进行洛杉矶试验。（　　）

7. 石料的磨光值越高，表示其抗滑性越好。（　　）

8. 粉煤灰水泥水化热低，和易性好，适用于道路水泥混凝土工程。（　　）

9. 用维卡仪测定水泥标准稠度用水量时，释放试杆垂直落入水泥净浆后应立即读取并记录试杆到底板的距离。（　　）

10. 水泥胶砂试件脱模后放入水槽中养护，试件之间间隙和试件上表面的水深不得小于 5 mm。（　　）

11. 坍落度仪法适用于集料公称最大粒径不大于 31.5 mm、坍落度不小于 10 mm 的水泥混凝土拌和物稠度的测定。（　　）

12. 保水性根据水分从拌合物中析出情况，分为“多量”“少量”“无”三级。（　　）

13. 石灰粉煤灰综合稳定材料抗裂缝能力优于水泥土和石灰土，抗冻性好。（　　）

14. 干粉煤灰可以应用于工程上而湿粉煤灰不可以应用于工程上。（ ）

15. 无侧限抗压强度试验中试件成型时间可根据试验条件自行掌握。（ ）

16. 细粒式沥青混合料是指公称最大粒径小于 9.5 mm 的沥青混合料。（ ）

17. 针入度值越大，表示沥青越软（稠度越小）。（ ）

18. PI 值越大，表示沥青的温度敏感性越强。（ ）

19. 马歇尔试验前将烘干分级的粗、细集料、矿粉按每个试件设计级配要求称其质量，在一金属盘中混合均匀，放入烘箱中预热。（ ）

20. 在相同沥青用量情况下，矿料表面积越大，形成的沥青膜越薄，结构沥青所占比例越小，沥青混合料的黏结力越低。（ ）

四、简答题（每题 5 分，共 25 分）

1. 简述土的击实试验的击实过程。

2. 什么是细集料的表观密度、毛体积密度和堆积密度？

3．什么是水泥的标准稠度用水量，应如何表示？

4．影响硬化后水泥混凝土强度的因素是什么？

5．影响沥青混合料施工和易性的因素是什么？

五、计算题（第1题10分，第2题5分，共15分）

1. 某水泥混凝土用砂总质量为500 g，经过筛分后，各筛上的筛余质量如下表所列，试计算各筛的分计筛余、累计筛余和通过百分率，并判断其粗细程度。

筛孔尺寸（mm）	9.5	4.75	2.36	1.18	0.60	0.30	0.15	底盘
筛余质量 m_i（g）	0	15	63	99	105	115	75	28

2. 某水泥稳定土进行无侧限抗压强度试验结果如下表：

序　　号	1	2	3	4	5	6
无侧限抗压强度 R（MPa）	1.9	2.3	2.4	2.1	2.1	2.3

已知：设计强度为2.0 MPa。

要求：根据计算结果判定强度是否满足要求。